NLL을 말하다

차례
Contents

북방한계선 NLL의 출현

'NLL'이란?

북방한계선, 즉 NLL(Northern Limit Line)은 어떻게 설정된 선인가? NLL은 유엔군사령관(Mark W. Clark 대장)이 「정전협정」의 안정적 관리를 목적으로 1953년 8월 30일 한반도 동해와 서해에서 유엔군 측의 해상 초계활동의 범위를 한정하기 위해 설정한 해상의 경계선이다. 당시 동해에는 '북방경계선(NBL, Northern Boundary Line)'이란 명칭으로 강원도 고성의 지상 군사분계선(MDL) 끝에서 동해로 연장한 일직선으로 설정했다. 서해에는 '북방한계선(NLL)'이란 명칭으로 「한국군사정전협정」에서 유엔군사령관의 군사통제 하에 남겨두기로 합

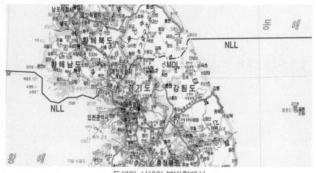

동해와 서해의 북방한계선

의한 서해 5도(우도·연평도·소청도·대청도·백령도)와 북한 황해도 지역과의 중간선을 기준으로 한강 하구로부터 백령도 서북쪽으로 설정했다.[1]

당초 유엔군사령관이 설정한 NLL은 휴전기간에 한국군을 비롯한 유엔군 측 함정과 항공기의 해상작전활동에 적용하기 위한 것이었다. 이에 따라 대한민국 해군은 NLL이 설정되었던 1953년 8월 30일부터 「정전협정」이 유지되고 있는 오늘날까지 NLL을 기준으로 해상작전을 수행하고 있다.

예컨대, 1953년 8월 30일자 해군본부 「작전경과보고서」에는 「해본기밀 제1,235호(단기 4286. 08. 03자)」에 의거, 한국해군 함정에 대한 작전지시'를 하달하면서 첨부지도에 지상의 비무장지대와 동·서해에 NLL을 적색으로 표시하고 있다. 이는 한국해군 함정들에 대해 동·서해의 NLL을 기준으로 작전활동을 전개하라고 지시하는 것이다.

그리고 1959년 1월 「해본기밀 작전지시」 제2장 '해군의 기본임무 및 작전개요' 항목에는 NLL의 9개 좌표(북위 및 동경)가 기록되어 있다. 이처럼 NLL이 설정된 당시부터 한국해군의 작전지침에는 해상작전의 기준선으로서 NLL에 대한 도상의 표식뿐만 아니라 구체적인 좌표를 적시하고 있다.

이러한 NLL은 어떤 성격의 선인가? '영토선'인가, '해상 군사분계선'인가, '해상경계선'인가? 한반도 정전체제 하에서 존재하는 NLL은 1953년 설정된 이래 현재까지 남북한 간의 실질적인 해상경계선으로 지켜져 왔으며, NLL 이남 해역은 대한민국이 실효적으로 통제해오고 있는 관할수역이다.

첫 번째, 국제법적으로 「정전협정」이 적용되는 한반도 정전체제 하에서 국경선 개념의 '영토선' 또는 '영해선'이란 용어를 사용하는 것은 옳지 않다. 왜냐하면 정치적 차원에서 전쟁을 완전 종결시키기 전까지 적용되는 「정전협정」은 순전히 군사적 문제만 규정하고 있을 뿐 정치적 문제나 영토적 문제는 포함되지 않기 때문이다.[2] 요컨대, 「정전협정」이 유지되고 있는 정전체제 하에서는 교전군대 간의 군사분계선이 존재하지만, 정상적인 국가관계가 아니기 때문에 영토나 영해를 구분하는 국경선 개념이 없다. 따라서 국제법적 측면에서 볼 때 한반도 정전체제가 지속되는 동안에는 NLL에 대해 영토선 또는 영해선의 개념을 적용하는 것은 잘못이다. 다만 현실적으로 북한의 NLL 침범 및 무력도발이 지속되면서 우리 국민들에게 NLL은 반드시 사수해야 할 '영토선'이란 인식으로 고착되었다.

두 번째, 「정전협정」상의 '군사분계선'이라는 용어를 NLL에 그대로 적용하는 것은 곤란하다. 왜냐하면 「정전협정」에는 지상의 군사분계선만 규정했을 뿐, 해상 군사분계선이나 NLL에 대한 규정은 없다. NLL이 쌍방 해군력을 분리시키는 군사분계선의 성격을 가지고 있어 「정전협정」의 정신에 부합하지만, 「정전협정」에서 합의하지 못한 '해상 군사분계선'이란 용어를 직접적으로 적용하는 것은 부적절해 보인다.

세 번째, 남북한이 합의한 「남북기본합의서」에는 불가침의 기준선으로 '경계선'이란 용어를 사용하고 있다. 「남북기본합의서」 제11조는 "남과 북의 불가침 경계선과 구역은 1953년 7월 27일자 군사정전에 관한 협정에 규정된 군사분계선과 지금까지 쌍방이 관할하여 온 구역으로 한다"고 규정하고 있다. 국경선이 아닌 '경계선'이란 용어를 명문화한 것은 「남북기본합의서」 전문에 "쌍방 사이의 관계가 나라와 나라 사이의 관계가 아닌 통일을 지향하는 과정에서 잠정적으로 형성되는 특수 관계"로 규정하였듯이 민족 내부의 특수 관계를 고려한 것이다. 또 「남북불가침부속합의서」 제10조에도 "남과 북의 해상 불가침 경계선은 앞으로 계속 협의한다"며 '해상 불가침 경계선'의 용어를 사용하고 있다.

네 번째, NLL 이남 수역은 대한민국의 '관할 수역'이다. 대한민국 「영해 및 접속수역법(1995)」은 23개 직선 기선을 기준으로 12해리 영해를 선포하고 있다. 그런데 서해의 영해는 경기도 소령도까지 설정되어 있고, 서해 NLL 수역에는 영해가 선포되어 있지 않다. 그러나 동해의 NLL 이남 해역과 서해의 5도 및 NLL 일대 해역에 대해서는 '특정금지구역'과 '특정구역'을 설정해 관할하고 있다. 즉, 「배타적 경제수역에서의 외국인 어업 등에 대한 주권적 권리의 행사에 관한 법률」 제4조는 "배타적 경제수역 중 어업자원의 보호 또는 어업조정을 위하여 대통령령으로 정하는 구역(특정금지구역)에서 어업활동을 해서는 안 된다"고 규정하고, 서해의 특정금지구역에 대해 백령도 북쪽 - NLL 서쪽 30해리 - 소청도 남쪽 30해리 지점을 연결해 설정했다. 또 「수산업법」 제4조에 따라 선박의 어업 및 항해의 안전 보장을 위해 제정된 「선박안전 조업규칙」에 따라 서해의 어로한계선과 특정지점을 연결한 선(NLL) 안의 해역을 '특정해역'으로 설정하고 있다. 이처럼 국내법에 의거, 서해 NLL 일대에 '특정금지구역'과 '특정해역'을 설정해 관할하고 있듯 NLL 이남 수역은 우리 국내법에 의해 통제되고 있는 관할 수역이다.

그러면 왜 유엔군사령관은 1953년 7월 27일 「정전협정」이 체결된 1개월 후인 8월 30일에 한반도 동해와 서해에 NLL을 설정했을까? 해상의 NLL은 유엔군사령관이 「정전협정」을 안정적으로 유지·관리하기 위한 목적으로 설정한 것이다. 보다 구체적으로는 해상의 군사분계선을 규정하지 못한 「정전협정」의 불완전성을 보완하기 위한 후속조치로서 출현한 것이다. 즉, 「정전협정」은 해상과 관련해 6.25전쟁 이전의 관할권 존중, 유엔군사령관의 서해 5도에 대한 군사통제권 보장, 상대방 육지나 도서의 인접수역 존중, 경기도와 황해도 도경계선에 대한 다른 의미부여 불가 등을 규정하고 있는데, NLL은 이러한 규정을 구체화한 것이다.[3]

6.25전쟁에서 유엔군사령관은 16개국 참전 유엔군을 통합·지휘해 전쟁을 수행했고, 휴전회담을 통해 전쟁 상태를 정전 상태로 전환하는 「정전협정」을 체결했다. 1953년 7월 27일 유엔군 총사령관과 조선인민군 최고사령관 및 중국인민지원군 사령원 사이에 체결된 「한국군사정전협정」은 쌍방 간의 적대행위 및 무장행동을 정지시키기 위한 합의로, 6.25전쟁을 법적으로 완전 종결시키는 '종전협정'이 아니라 잠시 동안 전쟁을 중지하는 '정전'에 관한 협정이다. 일반적으

로 '정전협정'은 전쟁을 수행 중인 적대쌍방 군사령관들 사이에 상호교전이나 전투 등 적대행위와 무력행동을 정지시키기 위해 체결하는 순수 군사적 성격의 협정을 말한다. '정전협정'은 참전 국가들이 정치협상을 통해 전쟁을 완전 종결시키는 평화협정 또는 평화조약(강화조약)을 체결하기 전까지 일시적·잠정적으로 적용된다.[4]

1951년 7월 9일부터 시작된 유엔군 측과 공산군 측 간의 휴전회담 과정에서 적대행위의 중지를 위한 기본조건으로서 쌍방 군대를 분리시키는 비무장지대(DMZ)의 설치 및 이의 기준선인 군사분계선의 설정 문제가 주요 쟁점 중 하나였다. 지상의 군사분계선과 관련해 최초 공산군 측은 전쟁 이전 상태로 복귀하는 38선을 기준으로 할 것을 주장했고, 유엔군 측은 양측 군대가 접촉하고 있는 선을 주장했다. 결국 1951년 11월 27일 쌍방은 양측 군대가 대치하고 있던 접촉선을 기준으로 하는 지상 군사분계선을 설치하고, 군사분계선을 중심으로 남북 각 2km씩 4km 폭의 비무장지대를 설정하자는 데 잠정 합의했다. 이를 바탕으로 1953년 6월 17일 최종적으로 현 접촉선을 군사분계선으로 확정하고, 군사분계선을 기준으로 각각 2km 폭의 북방한계선과 남방한계선의 공간을 비무장지대로 확정해 병력의 주둔, 무기의 배치, 군사시설 설치 등을 제한·금지토록 「정전협정」에 규정했다.

이처럼 「정전협정」은 지상의 군사분계선과 비무장지대에 대해 명확하게 규정하고 있지만, 해상과 관련해서는 '서해 5도에 대한 유엔군사령관의 군사통제권 유지, 상대방 육지의 인접 해면 존중 및 항구의 봉쇄 금지'만 규정한 채 해상 군사분계선을 설정하는 데는 실패했다.

1951년 11월 27일, 지상의 군사분계선과 비무장지대 설정 문제가 타결된 후 공산군 측은 북한의 후방 지역 도서에서 유엔군이 즉각 철수할 것을 주장하기 시작했다. 이후 휴전회담에서는 상대방 후방 도서에서의 철수 문제와 관련해 쌍방 군사령관이 군사통제하는 연해도서(costal islands), 연해(costal waters) 및 인접해면(waters contiguous to) 문제가 협의되었다. 1952년 1월 26일 휴전회담에서 쌍방은 '연해도서'에 대해 "비록 지금 어느 한편에 의해 점령되어 있지만, 1950년 6월 24일에 다른 한편에 의해 통제되고 있었던 도서"로 잠정 합의했다.

그런데 공산군 측은 3일 후 "황해도와 경기도 도경계선을 기준으로 서북쪽에 위치한 모든 연해도서에서 유엔군이 철수할 것"을 요구했고, 다음날에는 "황해도와 경기도 도경계선이 육지의 비무장지대와 멀지 않으니 해상의 분계선이 되어야 한다"고 주장했다. 이에 유엔군 측은 "서해 5개 도서군은 전쟁 이전이나 전쟁 중에도 항상 대한민국과 유엔군의 관할 하에 있었기 때문에 철수를 거부"하며, 유엔군사령관의 군사통제권을 유지한다는 입장을 확고하게 견지했다. 또 해상 군사분계선과 관련해 "휴전회담에서 합의한 군사분계선은 본토 지상에서 끝나고 해상으로 연장되지 않기 때문에 해상에 합의된 그 어떤 선도 없다"는 점을 분명히 했다. 결국 「정전협정」 제2조 13항 (ㄴ) 목에 "… '연해도서'라는 용어는 본 정전협정이 효력을 발휘할 때에 비록 일방이 점령하고 있더라도 1950년 6월 24일에 상대방이 통제하고 있던 도서를 말하는 것이다. 단 황해도와 경기도의 도계선 북쪽과 서쪽에 있는 모든 섬 중에서 백령도, 대청도, 소청도, 연평도 및 우도의 도서군들을 국제연합군 총사령관의 군사통제 하에 남겨두는 것을 제외한 기타 모든 섬들은 조선인민군 최고사령관과 중국인민지원군사령원의 군사통제 하에 둔다"고 합의했다. 그리고 「정전협정」 제2조 15항에 "본 정전협정은 적대 중의 일체 해상 군사역량에 적용되며 이러한 해상 군사역량은 비무장지대와 상대방의 군사통제 하에 있는 한국 육지에 인접한 해면을 존중하며 항구에 대하여 어떠한 종류의 봉쇄도 하지 못한다"고 규정했다.

그런데 「정전협정」에는 쌍방 군사령관이 군사통제하는 관할 해역에 대해 '인접해면' 또는 '연해'라는 용어를 사용하고 상호 존중하기로 합의했으나, 인접해면과 연해의 폭에 대해

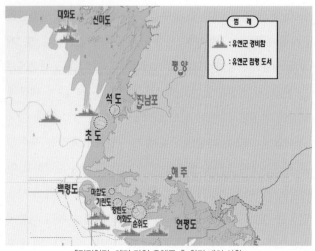

「정전협정」 체결 당일 유엔군 측 함정 배치 상황

서는 합의하지 못했다. 유엔군 측은 "연해라 함은 간조시간에 육지로부터 3해리까지의 바다를 의미한다"고 제의했다. 그러나 공산군 측은 3해리 대신 12해리 연해를 주장했는데, 이는 당시 한반도 해역의 제해권을 장악하고 있던 유엔군의 해상봉쇄를 우려한 데서 나온 것이었다. 결국 유엔군 측의 3해리 연해 입장과 공산군 측의 12해리 연해 입장 차이로 인해 해상 군사분계선 설정의 토대가 될 연해나 인접해면의 폭에 대한 합의에는 실패했다. 정리하면, 정전 당시 6.25전쟁의 조속한 정전을 원했던 양측의 입장, 유엔군이 제해권과 제공권을 장악하고 있던 전시 상황, 연해의 폭에 대한 쌍방의 입장

차이, 유엔군 측의 서해 5도에 대한 군사통제권의 유지 등의 배경에서 해상의 군사분계선에 대한 구체적인 협의나 어떤 합의도 없이 「정전협정」이 체결되었다.

이처럼 「정전협정」은 지상과는 달리 '해상의 군사분계선'에 대한 명시적 합의가 부재한 불완전한 합의였다. 이러한 불완전성은 정전체제를 안정적으로 관리할 수 없는 상황을 초래함으로써 NLL이 출현하게 된 직접적인 배경이 되었다. 예컨대, 정전 당시 북한 해군력이 무력화되고 유엔군이 제해권을 완전 장악한 상태에서 해상 군사분계선이 부재함으로써 유엔군 측 함정들이 모든 북한 해역까지 마음대로 자유롭게 접근할 수 있어 해상에서 적대행위와 무력충돌이 발생할 가능성이 우려되었다. 또 「정전협정」 13항의 "서해 5도에 대한 유엔군사령관의 군사통제권을 보장"하고, 15항의 "상대방 항구에 대한 봉쇄를 금지"하는 규정을 제대로 이행하기 어렵게 되는 상황이 벌어진 것이다.

따라서 해상 군사분계선이 없는 상황에서 유엔군사령관은 「정전협정」을 안정적으로 유지하기 위한 조치로서 NLL을 설정했다. 「정전협정」을 이행·준수할 책임과 권한을 가진 유엔군사령관이 해상에서도 「정전협정」의 체결 목적인 적대행위와 무력충돌을 정지시키기 위한 후속조치를 강구한 것이다. 유엔군사령관이 일방적으로 NLL을 설정한 것은 정전 당시 북한 해군력이 전무한 상태에서 유엔군 측 함정의 활동범위만 한정시키면 해상에서도 적대행위와 무장행동의 정지, 북한 항구에 대한 봉쇄 금지 등「정전협정」을 안정적으로 이행·관리할 수 있었기 때문이다.

이와 같이 NLL은「정전협정」의 불완전성을 보완해 정전체제를 안정적으로 관리하기 위한 목적에서 설정되었고, 지금까지 해상에서 쌍방의 군사력을 분리시킴으로써 적대행위와 무력충돌이 발생하는 것을 방지하는 남북 간의 실질적인 해상경계선으로서 기능하고 있다.

북한의 NLL 인정·준수 사례

설정 당시 북한에게 유리했던 해상경계선

유엔군 측은 1953년 7월 27일 체결된 「정전협정」에 의거, 38도선 이북 해역의 주요 도서는 물론 38도선 이남 해역에서도 서해 5도를 제외한 모든 북한 지역 도서들로부터 병력과 장비를 모두 철수시키는 한편, 황해도 육지에 인접한 도서의 군사통제권을 공산군 측에게 양보했다. 또 1953년 8월 30일 NLL을 설정해 유엔군 측 함정과 항공기의 초계활동 범위를 한정시켰다. 이렇게 설정된 NLL은 남북한 해군 간에 직접적인 대치와 충돌을 방지함으로써 해상에서의 평화와 안전을 유지시켜 주는 해상경계선으로 작용했다.

이러한 NLL은 북한으로서는 매우 유익하고 고마운 선이었다. 당시 유엔군은 북한 지역 전 해역을 통제하는 제해권을 완전 장악하고 있었고, 북한 해군은 괴멸된 상태였다. 이러한 불리한 상황에서 쌍방 해군전력을 분리시키는 해상 군사분계선에 합의하지 못한 채 「정전협정」이 체결되었다. 그런데 유엔군 측 함정들이 북한 해역으로 들어갈 수 없도록 하는 NLL로 인해 북한은 유엔군에 의한 해상봉쇄의 우려에서 벗어나 해상안전을 확보할 수 있게 되었다. 또 NLL 이북 도서들에 대한 군사통제권을 보장받을 수 있었고, NLL 이북 해역에서 해군 함정과 민간선박들의 항해와 어로활동의 자유를 누릴 수 있게 되었다. 이처럼 NLL이 그들에게 매우 유익한 해상경계선이었기 때문에 북한은 1953년 8월 30일 설정된 이후 1973년 12월까지 20년 동안 어떤 문제 제기나 이의 제기 없이 이를 인정·준수해온 것이다.

1954년 북한 외무상의 해상봉쇄 해제 요구 발언

「정전협정」 제60조 규정에 따라 6.25전쟁에 참여한 19개국 외교부장관들이 참석한 제네바 정치회담이 1954년 4월 26일부터 6월 15일까지 개최되었다. 이 제네바 정치회담에서 북한 대표 남일 외무상은 "현재까지 계속되고 있는 미국의 북조선에 대한 해안봉쇄는 우리 해안에 대한 비법적인 봉쇄"라고 하면서 해제할 것을 요구했다.

북한 외무상의 '해안봉쇄' 발언은 NLL의 존재를 이미 인지하고 있었음을 보여주는 최초의 증거다. 왜냐하면 당시 전쟁 중에 선포했던 해안봉쇄선은 없었기 때문이다. 1952년 9월 27일 클라크 유엔군사령관은 휴전회담을 지연시키고 있던 공산군을 군사적으로 압박하기 위해 한국방위수역(일명 '클라크 라인')을 설정해 북한해안을 봉쇄했다. 이처럼 전쟁 중에 해안봉쇄선으로 설정된 클라크 라인은 「정전협정」이 체결됨에 따라 1953년 8월 27일 유엔군사령관에 의해 공식 해제되고 대외에 공표되었다.

당시 유엔군사령관이 클라크 라인을 공식 해제한 데 대해 우리 정부는 반대했고, 일본은 환영했던 사실들이 언론에 대대적으로 보도되었다. 그런데 유엔군사령관이 전시 해안봉쇄선인 클라크 라인의 해제를 공개적으로 발표하고, 새로운 해상경계선인 NLL을 설정한 후 1년이나 경과된 시점에서 북한 외무상이 '해안봉쇄의 해제'를 언급했다. 이는 명백히 NLL을 지칭한 것으로, 북한이 최소한 1954년에 NLL의 존재에 대해 인지하고 있었고, 이를 해안봉쇄선으로 인식하고 있었던 것이다.

1959년 NLL을 군사분계선으로 표기한 북한

　북한 조선중앙통신사에 의해 1959년 11월 30일 발간된 「조선중앙년감」은 북한 황해남도 해역과 서해 5도를 나타내는 지도를 싣고 있다. 그런데 북한은 서해 해상의 NLL을 그려 놓고, 이를 군사분계선으로 표기하고 있다. 이는 북한당국이 NLL의 존재를 이미 알고 있었고, 이를 해상의 군사분계선으로 간주하고 있었다는 것을 스스로 공인한 결정적 증거다.

　북한은 1959년 「조선중앙년감」이 발간된 지 46년이 지난 2006년 남북회담에서 이렇게 명백한 사실에 대해 잘못 표기

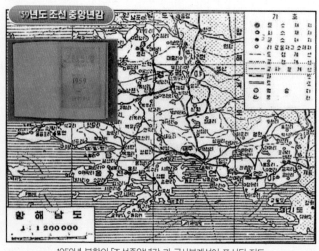

1959년 북한의 「조선중앙년감」과 군사분계선이 표시된 지도

된 것이라고 변명했다. 2006년 5월 개최된 제4차 남북장성급 군사회담에서 북측대표 김영철은 「조선중앙년감」을 출간한 출판사가 표기를 잘못했기 때문에 인민들의 항의를 받고 없어졌으며, (군사분계선이 표기된) 도표를 찢어 버렸다"고 궤변을 늘어놓았다. 당시 회담에서 우리 측이 묻지도 않았는데 북측대표는 북한 스스로 NLL을 군사분계선으로 표기한 감출 수 없는 증거에 대해 정면 부인하지 못하고 해명에 나선 것이다.

1963년 군사정전위 제168차 본회의에서의 NLL 인정 발언

1963년 5월 17일 개최된 군사정전위원회 제168차 본회의에서 NLL을 침범한 북한 간첩선의 격퇴 문제로 논쟁이 벌어졌다. 북한 간첩선 격퇴와 관련해 유엔사 측은 "(북한) 간첩선이 NLL을 침범해 침투했기 때문에 사격했다"라고 항의했다. 이에 대해 북한군 측은 "북한 함정이 NLL을 넘어간 적이 없다"고 대응했다.

북한군의 이러한 언급은 NLL에 대한 인정을 전제로 한 발언이었다. 북한군이 NLL의 존재사실을 인지하고 이를 준수하고 있음을 스스로 인정한 것이다.

1984년 여름 발생한 우리의 홍수 피해에 대해 북한 적십자사가 수해 복구물자를 지원해주었는데, 9월 29일부터 10월 5일까지 북한의 수송선박들이 NLL을 넘어와 지원물자를 인도하고 복귀했다. 당시 북한 선박이 남하하고 북상하는 과정에서 남북 해군의 경비함정으로 구성된 호송단에 의해 NLL 선상에서 인수·인계가 이루어졌다. 국제법과 「정전협정」에서 볼 때 군함은 자국의 관할권이 미치는 해역에서만 활동할 수 있다. 따라서 남북의 군함들이 NLL 선상에서 상봉한 것은 NLL을 남북 간의 실질적인 해상경계선으로 인정하고 있었다는 증거다.

한편 남북한 민간선박이 항로착오, 기관고장, 좌초 또는 해무 등 기상악화 등으로 조난을 당해 상대 측 해역으로 넘어가 구조되거나 나포될 경우, 남북당국은 상호 협의절차를 거쳐 NLL 선상에서 인수·인계하고 있다. 최근의 대표적인 사례로는 2002년 6월 20일 연평도 서방 해역에서 기상악화와 항로착오로 NLL을 월선한 전마선, 같은 해 12월 11일 대청도 북방에서 좌초된 유류바지선, 2011년 2월 5일 연평도 근해에서 기관고장으로 표류한 어선 등을 들 수 있다. 당시 우리 측에 의해 구조된 북한의 민간선박과 선원들은 남북당국 간의 협의절차를 거쳐 NLL 선상에서 북한 측에 인도되었다. 이는 북한이 실질적으로 NLL을 인정·준수하고 있다는 증거들이다.

「남북기본합의서」등을 통해 NLL 인정·존중에 합의

1992년 2월 19일 제6차 남북고위급회담에서 서명·발효된 「남북기본합의서」의 제11조는 "남과 북의 불가침 경계선과 구역은 1953년 7월 27일자 군사정전에 관한 협정에 규정된 군사분계선과 지금까지 쌍방이 관할하여 온 구역으로 한다"고 합의했다. 그리고 1992년 9월 17일 제8차 남북고위급회담에서 서명·발효된 「불가침부속합의서」의 제10조는 "남과 북의 해상 불가침경계선은 앞으로 계속 협의한다. 해상 불가침 구역은 해상 불가침경계선이 확정될 때까지 쌍방이 지금까지 관할해 온 구역으로 한다"고 합의했다.

이와 같이 1992년 「남북기본합의서」와 「불가침부속합의서」에서 해상 불가침구역에 대해 '쌍방이 지금까지 관할하여 온 구역'으로 규정한 것은 NLL을 기준으로 합의한 것이다. 즉 쌍방이 어떤 구역을 관할해왔다는 것은 어떤 기준선이 존재하고 있음을 전제로 한 것인데, 당시 지상에는 군사분계선이 있듯 해상에는 NLL만이 유일하게 존재해온 것이다. 그리고 「불가침부속합의서」 제11조는 남북 간에 해상 불가침경계선에 대해 계속 협의하되 새로운 해상 불가침경계선이 확정될 때까지는 해상 불가침구역을 NLL을 기준으로 하는 쌍방의 관할구역으로 합의한 것이다. 요컨대 남과 북이 NLL을 인정·준수한다는 데 합의했다는 의미다.

1991년 12월 13일 제5차 남북고위급회담에서 「남북기본합의서」를 타결한 후 가진 기자회견에서 북측 대변인 안병수는 "불가침 경계선은 원래 군사분계선을 불가침의 경계선으로 한 데 대해서 우리가 제기했는데, 남측에서는 이 경계선뿐만 아니라 해상에 있는 도서라든가 이런 것도 염두에 두고서 경계선을 긋자고 제기해왔다. 우리는 이것을 수용했다"고 발표했다. 이는 남측의 NLL에 대한 입장을 수용해 합의했다는 사실을 스스로 언급한 것이다. 그런데 북한은 2009년 1월 30일 조국평화통일위원회 성명을 통해 「남북기본합의서」와 「부속합의서」에 있는 서해 해상 군사분계선에 관한 조항들을 폐기한다"고 선언했다. 만약 당시 북한이 NLL을 인정하지 않았다면 굳이 폐기한다고 선언할 필요가 없는 문제다. 북한의 이러한 행위는 「남북기본합의서」와 「부속합의서」에서 NLL을 인정했다는 사실을 자인하는 것이다.

1993년 NLL 기준의 한국 비행정보구역 인정

1993년 5월 국제민간항공기구(ICAO)의 간행물인 「항공항행계획(ANP)」에 NLL과 군사분계선을 북쪽 경계로 하여 조정된 한국의 비행정보구역(FIR, Flight Information Region)에 대한 변경안이 공고되었고, 1998년 1월 발효되었다. 국제민간항공기구가 공인하는 비행정보구역은 해당 국가의 영토·영공·영해를 규정하는 것은 아니나 조난 항공기에 대한 탐색 및 구조 임무가 있기 때문에 관례적으로 해당 국가의 주권이 미치는 영역을 따라 설정된다.

그런데 북한은 대한민국의 비행정보구역에 대해 어떤 이의도 제기하지 않았다. 즉 NLL과 군사분계선을 적용해 설정된 한국의 비행정보구역을 인정하고 있는데, 이는 군사분계선과 같이 NLL을 인정하고 있다는 증거다.

이상에서 살펴본 것처럼 북한이 그동안 취해온 실제 행동과 정황자료들은 북한이 사실상 1953년 8월 30일 NLL이 설정된 당시부터 그 존재사실에 대해 알고 있고, 이를 인정·준수해왔음을 잘 보여준다. 특히 1973년 12월까지는 아무런 이의도 제기하지 않았으며, 심지어 1973년 12월 군사정전위원회에서 NLL을 부정하는 발언을 한 이후에도 계속해서 NLL을 인정하고 준수해 온 행태를 보여 왔다. 그러나 또 한편으

로 북한은 스스로 인정·준수해 온 실제 행동과는 달리 말로
는 이를 변명, 부정하고 있다. NLL에 대해 북한은 자신의 필
요에 따라 인정·준수하거나 부정·도발하는 이율배반적인 행
태를 보이고 있는 것이다.

북한의 NLL 분쟁수역화 기원

북한의 영해 설정과 해상도발, 그리고 NLL

북한은 휴전회담 당시 한반도의 제해권을 완전 장악한 유엔군의 해상 봉쇄를 우려해 상호 존중하기로 한 연해의 폭을 12해리로 설정할 것을 주장했다. 정전 이후 북한은 1955년 3월 5일 「내각결의 제25호」라는 내부 결정으로 영해의 폭을 12해리로 설정했다. 그러나 북한은 1973년 12월까지 20년 동안 서해 5도와 북한 지역 사이에 설정된 NLL 해역에 대해 12해리 영해를 주장하지도 않았고, NLL 자체에 대해 어떤 이의 표시도 없이 인정·준수했다.

한편 북한은 1950년대 말부터 1970년대 초까지 수많은 해상도발을 자행했다. 예컨대, 1957년부터 1972년까지 동해와 서해에서 북한 경비정에 의한 우리 어선들과 함정들의 강제납치, 북한군의 해상포격과 무장간첩선의 해상침투 도발 등으로 남북 간 해상충돌이 빈번하게 발생했다. 그런데 북한은 수많은 해상도발을 자행하면서도 NLL을 시비하거나 도발의 명분으로 삼지 않았다. 이러한 북한의 해상도발 행위들은 북한 연안에 접근하는 우리 어선이나 경비 중인 함정에 대한 적대행위 차원 그리고 대남공작을 위한 해상침투 차원에서 이루어진 것이다.

서해 도발사태 이후 NLL 분쟁수역화 시작

북한은 1953년부터 1973년까지 NLL에 대해 그 어떤 시비나 이의제기, 부정도 하지 않았다. 그랬던 북한이 1973년 10월부터 12월에 자행한 소위 '서해 도발사태'부터 전혀 다른 태도를 보이기 시작했다. 의도적으로 NLL을 침범해 서해 5도를 오가는 우리 함정과 선박들을 위협하는 등 NLL 일대를 분쟁수역(disputed waters)으로 만들기 위해 시도하면서 NLL을 부정하기 시작한 것이다.

북한의 경비정과 어뢰정 60여 척은 1973년 10월 23일부터

12월 18일 사이에 43차례나 고의적으로 NLL을 넘어와 백령도와 대청도, 소청도, 연평도 인접수역까지 침범했다. 북한 함정들은 우리 경비정을 목표로 어뢰발사 모의훈련을 실시하고, 백령도로 항해하는 해군상륙함을 포위한 채 항해를 방해했고, 인천과 백령도를 오가는 민간 여객선과 화물선의 항해도 위협했다. 이렇게 대규모 북한 함정들에 의해 백령도의 해상 항로가 차단되어 우리 군은 수송기를 통해 군수물자와 생필품을 공수하는 상황까지 가게 되었다.

북한 함정들이 서해 5도의 인접수역(3해리)까지 침범해 일으킨 서해 도발사태는 명백히 「정전협정」에 대한 위반행위였다.[5] 이에 1973년 12월 1일 군사정전위원회 제347차 본회의가 개최되어 「정전협정」 위반문제를 다루게 되었다. 이 회의에서 북한군 측은 "정전협정 첨부지도에 표시된 '가-나 선(경기도와 황해도 도경계선)'은 서해의 해상분계선이다. … 황해도와 경기도 도경계선 북쪽의 해면은 북측 연해다. … 유엔군 사령관의 군사통제 하에 있는 서해 5개 도서군은 북측 연해 내에 있다. … 앞으로 유엔군 측이 서해의 북측 연해에 있는 서해 5도 해상으로 드나들기 위해서는 북측에 신청하고 사전 승인을 받아야 한다"는 억지 주장을 내놓았다. 유엔군 측은 "서해 5개 도서군의 인접구역은 유엔군 측 연해이므로 북측의 주장은 전적으로 용납할 수 없는 궤변"이라고 강력 대응했다.

하지만 1973년 12월 18일에도 북한 함정이 인천과 백령도를 오가는 여객선 항로상의 소청도 인접수역을 침범하는 등 도발행위를 지속하자, 12월 24일 군사정전위 제347차 본회의가 개최되었다. 북한군 측은 우리 함정들의 정상적 해상경계활동에 대해 "북측 연해에 침투시켜 정탐행위를 하였다"고 왜곡·비난했다. 이에 대해 유엔군 측은 "유엔군의 통제 하에 있는 5개 도서들은 육지이며, 이 도서들에 인접한 해면은 존중되어야 한다. … 당해 도서들에 자유로운 항해를 방해하는 것은 정전협정 제15항을 위반하는 것이다"라고 지적했다.

이처럼 북한은 1973년 10월부터 12월, 의도적으로 서해 NLL을 침범해 서해 5도를 위협한 서해도발사태를 자행한 명분으로 황해도와 경기도 도경계선 이북 수역과 서해 5도 주변 해역이 북한의 영해라고 주장했다. 북한이 들고 나온 「정전협정」 첨부지도 상에 '가-나' 선으로 표시된 경기도와 황해도의 도경계선 이북 수역이 북한의 연해이고, 서해 5도는 북한의 연해 내에 있다"는 주장은 명백히 「정전협정」 규정을 왜곡하는 논리다. 왜냐하면 「정전협정」 15항은 "상대방의 군사통제 하에 있는 한국 육지에 인접한 해면을 존중"한다고 규정하였고, 「정전협정」 첨부지도의 '가-나' 선에 대한 주석에는 "가-나 선의 목적은 오로지 한국 서부 연해도서들의 통제를 표시하는 선이다. 이 선은 아무런 의의가 없으며 또한 이에 다른 의의도 첨부하지 못한다"고 규정하고 있기 때문이다. 물론 북한이 NLL에 대해 직접적으로 언급하지는 않았지만, 이러한 주장의 근본적인 문제는 NLL의 존재를 인정하지 않는 논리라는 점이다. 이때부터 북한은 수시로 NLL 일대에서 무력도발을 일으켰고, NLL을 부정하기 시작했다.

북한의 NLL에 대한 태도변화 배경

1973년부터 NLL에 대한 북한의 태도에 변화가 있게 된 배경은 당시 북한군의 전력 증강, 미중관계 개선 등 유화국면의 국제정세, 국제해양법에 관한 국제동향, 북한의 서해 항구 개발 등 복합적인 차원에서 찾아볼 수 있다.

첫째, 군사적 차원에서 볼 때 해군전력 증강에 따른 북한군의 자신감이 근본적인 배경이다. 북한은 1962년 4대 군사노선을 채택하고 대대적으로 군사력을 건설했는데, 1970년대 초부터는 북한 해군이 남한보다 크게 우세한 전력을 갖게 되었다. 북한군이 서해 NLL 일대를 분쟁수역화하기 시작한 것은 이렇게 해상전력에서 상대적 우세를 달성해 자신감을 얻었기 때문에 가능한 것이었다.

둘째, 국제정치적 차원에서는 1970년대 초 동서 데탕트

분위기에 편승해 미·북 평화협정 체결을 위한 직접 협상의 계기로 삼으려고 NLL의 분쟁수역화를 기도했다. 1970년대 초 미국과 중국 간의 관계개선 추진과정에서 유엔사 해체와 주한미군 철수 문제가 협의됐던 사실에 고무 받은 북한은 '유엔사 해체, 주한미군 철수, 미·북 평화협정' 등을 추구했다. 그리고 1973년 유엔총회에서 유엔한국통일부흥위원회(UNCURK) 해체 결의안이 채택되자 북한은 NLL을 부정하고 분쟁수역화하기 시작했다. 이러한 북한의 행태는 한반도 정전체제의 불안정성을 부각시켜 미·북간의 직접 협상을 유도하려는 술책이었다.

셋째, 1970년대 초 국제해양법과 관련해 영해의 범위가 12해리로 일반화되어 가는 국제적 추세를 들 수 있다. 1950년대에는 3해리 영해가 국제적 관행으로 통용되고 있었으나, 북한은 1955년 내부적으로 12해리 영해를 채택했다. 그러나 12해리 영해에 대해 대외적으로 공포하거나 힘으로 관철시키지는 못하고 있었다. 그런데 1960년대 이후 국제해양법학회 등 국제사회에서 12해리 영해 주장이 점차 확산되고 일반화되어 가자 이런 추세를 적극 활용할 수 있게 되었다.

넷째, 당시 북한은 서해에서의 경제개발을 추구하고 있었다. 1973년 12월 1일 군사정전위 본회의에서 북한군 측은 "남측 해군 함정들이 해주항에 드나드는 외국 선박들의 항해를 방해했다"고 비난하면서 NLL을 부정했다. 이어 며칠 후 김일성은 서해의 해상수송과 대외무역을 발전시키기 위해 해주항의 개발 확장을 강조하는 연설을 했다. 이 두 가지 언급으로 볼 때, 북한의 NLL 무력화 책동은 서해에서의 경제활동과 관련이 있는 것으로 유추할 수 있다.

1973년 이후 북한은 대내외 정치·군사·외교·경제적 목적을 달성하기 위해 NLL에 대해 군사적 도발과 평화적 협상의 화전양면(和戰兩面) 전략을 구사했다. 즉, 북한은 무력도발을 통해 NLL 일대를 분쟁수역으로 만들고, 남북 및 미북 대화·협상을 통해 NLL을 무력화시키려고 획책한 것이다.

NLL 에서의 남북 무력충돌

NLL 수역 – 1990년대 이후 한반도의 화약고

북한은 정전 60년 동안 수많은 해상 무력도발을 자행해 왔다. 1950년대에서 1970년대까지의 민간어선 납북, 한국 함정에 대한 해상포격, 북한 간첩선의 해상침투 등 해상도발은 주로 북한의 해역 보호, 대남 적대행위 및 공작 차원에서 이루어진 것이었다. 그런데 1973년 서해도발사태 이후부터는 NLL을 시비하면서 무력도발을 자행하기 시작했다. 특히 1990년대 이후에 감행한 북한의 직접적인 대남 무력도발은 거의 대부분 서해 NLL 일대에서 이루어진 것이다. 이로 인해 서해의 NLL 일대는 일촉즉발의 전운이 감도는 한반도의 화약고로 변해버렸다.

1999년 제1차 연평해전

'제1차 연평해전'이란 1999년 6월 7일부터 연일 연평도 서북방 해역의 NLL을 고의적으로 침범했던 북한 경비정들이 6월 15일 밀어내기로 퇴각시키려는 우리 함정에 대해 기습적인 사격을 가하는 도발로 인해 상호 교전이 벌어진 사건을 말한다.

1990년대 중반부터 꽃게잡이철마다 서해 NLL 일대에서 어로활동을 하던 북한 어선들과 함정들이 NLL을 침범하는 횟수가 증가하기 시작했다. 1999년 6월에도 연평도 북방 NLL 일대에서 수십 척의 북한 어선들이 경비정과 함께 꽃게잡이에 나섰다. 그런데 6월 7일부터 북한 어선들과 함정들이 NLL을 침범하기 시작했다. 이에 우리 해군 함정들이 출동해 북한 어선과 함정들을 북으로 퇴각시키는 작전을 펼쳤다. 6월 9일 이후 북한 함정들은 새벽부터 야간까지 더욱 대담하게 NLL 이남 수 킬로미터 해역까지 침범하기 시작했다. 우리 함정들은 북한 함정들을 퇴각시키기 위해 시위기동을 전개했는데, 북한 함정들은 물러가지 않고 오히려 충돌공격을 감행하거나 이리저리 피해 다니는 행동으로 나왔다. 이에 우리 함정들은 밀어내기 방법으로 퇴각시키는 작전을 전개했다. 9월 11일에는 북한 함정의 충돌공격과 우리 고속정들의 밀어 내기 작전으로 북한의 구잠함 1척, 경비정 3척이 크게 파손 되었고, 우리 고속정 4척도 경미한 손상을 입는 피해가 발생 했다. 6월 12일부터 14일까지도 북한 함정들의 NLL 침범 도 발은 계속되었고, 우리 함정들의 퇴각작전도 반복되었다.

6월 15일 새벽에도 4척, 아침 8시 40분경 3척의 북한 경비 정이 연평도 서방 NLL을 침범해 우리 고속정에 충돌공격을 시도했고, 12척의 우리 함정들은 밀어내기 작전으로 대응했

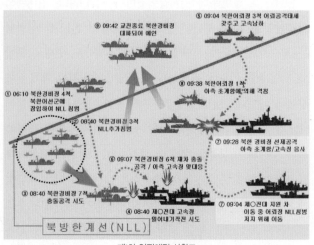

제1차 연평해전 상황도
(출처: 해군본부, 「NLL, 우리가 피로써 지켜낸 해상경계선」, 2011)

다. 하지만 9시 4분경 어뢰공격 태세를 갖춘 어뢰정 3척이 고속으로 남하하는 가운데 북한 경비정 6척이 재차 충돌공격을 가해와 우리 고속정들도 맞대응하기 시작했다. 이렇게 쌍방 함정들이 뒤섞여 물고 물리는 혼전상황 속에서 9시 28분경 갑자기 북한 경비정이 기관포와 소화기로 기습사격을 가해와 우리 함정들도 즉각 응사했다. 약 14분 동안 이루어진 쌍방 함정들 간의 교전 결과, 북한의 어뢰정 1척이 침몰되고 구잠함 1척과 경비정 4척이 대파되었으며, 우리 해군 초계함 1척과 경비정 4척의 경미한 손상, 승조원 9명이 경상을 입는 피해가 발생했다.

한편 남북 함정 간의 교전 직후인 10시 정각 판문점에서는 연일 벌어지고 있는 서해의 긴장 문제를 협의하기 위한 제6차 유엔사-북한군 장성급회담이 개최되었다. 당시 유엔사 측 대표들은 남북 교전 사실을 전혀 알지 못한 상태에서 회담에 임했다. 그런데 북한군 대표는 교전이 발생한 사실을 언급하면서 "남측이 먼저 도발해왔다. 북방한계선을 인정할 수 없다. 국제법상 NLL이 북한에서 12해리 이내에 있기 때문에 북한 함정들이 출동한 해역은 북한 영해다"라고 주장했다. 이러한 북한군 대표의 발언은 북한 함정들이 유엔사-북한군 장성급회담에 맞춰 기습 무력도발을 계획적으로 감행했음을 말해준다.

이러한 북한의 의도는 유엔사 측과 협상을 통해 NLL을 무실화시키려는 데 있었다. 이후 계속된 수차례의 유엔사-북한군 장성급회담에서 북한군 측은 NLL을 부정하면서 새로운 해상분계선의 설정 문제를 협의하자고 집요하게 물고 늘어졌다. 그러나 유엔사 측이 NLL을 존중·준수해야 한다는 입장으로 강력 대응하면서 북한의 불순한 기도는 좀처럼 먹히지 않았다. 이에 북한은 1999년 9월 2일 NLL의 무효와 함께 '조선 서해 해상 군사분계선'이라는 것을 선언했고, 2000년 3월 23일에는 '서해 5개 섬 통항질서'라는 것을 발표했다.

1999년 6월의 남북관계는 금강산관광이 진행되고 이산가족 문제해결을 위한 차관급회담을 앞두고 있는 상황이었다. 이렇게 화해·협력 분위기가 조성되고 있던 와중에 북한이 NLL 침범과 무력도발을 일으킨 것은 복합적인 의도로 평가된다.

첫째, 북한의 의도는 유엔사 측과 협상을 통해 NLL을 무력화시키려는 데 있었다. 1차 연평해전 직후 수차례의 유엔사-북한군 장성급회담에서 북한군 측은 NLL을 부정하면서 새로운 해상 군사분계선의 설정 문제 협의를 집요하게 주장했다. 둘째, 당시 김대중 정부의 대북정책과 안보의지를 시험해보면서 남북관계의 주도권을 장악하려는 의도가 있었다.

세 번째는 긴장조성을 통해 북한 내부체제의 결속을 강화시키려는 정치적 목적과 꽃게잡이 어장을 확장해보려는 경제적 목적이 있었다.

2002년 제2차 연평해전

'제2차 연평해전'은 2002년 6월 29일 연평도 서남방 NLL을 침범한 북한 경비정이 NLL 남하를 차단하기 위해 기동 중이던 우리 고속정에 대해 기습적인 사격공격을 감행한 도발로 남북교전이 발생한 사건이다.

2002년 5월 31일부터 6월 30일까지 우리나라와 일본에서 제17회 FIFA 월드컵 대회가 공동으로 열렸다. 우리 해군은 월드컵 대회의 성공적인 개최를 보장하고, 꽃게잡이철 북한의 도발에도 대비하기 위해 고도의 군사대비태세를 유지했다. 그런데 2002년 6월 11일 소청도 동남방 해역에서 북한 경비정이 수척의 함정 지원을 받으면서 NLL을 침범했다. 6월 13일, 그리고 27일과 28일에도 연평도 서방 해상에서 북한 경비정이 고의적으로 NLL 이남 수 킬로미터까지 침범하는 도발적 행동을 보였다. 이에 우리 고속정들은 차단기동 등의 대응작전으로 퇴각시켰다.

6월 29일 아침, 연평도의 우리 고속정 6척이 꽃게잡이 어

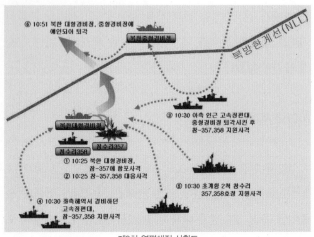

제2차 연평해전 상황도
(출처: 해군본부, 『NLL, 우리가 피로써 지켜낸 해상경계선, 2011』)

선 50여 척과 함께 연평도 근해로 출항해 경비 활동에 들어
갔다. 그런데 9시 50분경 북한 경비정이 NLL을 침범하자 우
리 고속정 2척이 일정한 간격을 유지하면서 차단 기동을 전
개해 15분 후 북으로 퇴각시켰다. 10시경에도 등산곶에서 고
속으로 남하하던 북한 경비정이 NLL을 침범하자 우리 고속
정 2척이 일정 간격으로 접근해 약 20여 분 동안 차단 기동
에 들어갔다. 그런데 10시 25분경 멈춰 있던 북한 경비정이
우리 고속정 참수리-357정에 대해 대전차 로켓과 함포로 기
습적인 사격공격을 가해왔다. 이에 피격 당한 참수리-357정
은 정장(艇長)이 전사한 상황에서 함포사격으로 대응했고, 주

변 해역에 있던 우리 고속정들도 현장으로 접근해 북한 등산 곶 경비정과 교전이 벌어졌다. 10시 50분경 화염에 휩싸인 북한 경비정은 다른 경비정에 예인되어 북방으로 달아났다. 북한 함정의 기습공격으로 조타실과 기관실이 크게 파손 당한 참수리-357정은 예인 중에 연평도 서남방 해역에서 침몰했고, 정장을 비롯한 승조원 6명이 전사, 19명이 부상을 당하는 피해를 입었다.

북한은 도발 당일 오후, 조선중앙방송을 통해 "이번 사건은 철저히 남조선 군부의 계획적인 군사적 도발행위"라고 도발의 책임을 전가하는 주장을 내놓았다. 그러나 북한은 7월 25일 대남 전통문을 통해 "이 사건은 계획적이거나 고의성을 띤 것이 아니라 순전히 현지 아랫사람들끼리 우발적으로 발생시킨 사고였음이 확인되었다"고 자신의 도발행위를 시인했다.

2000년 6월 제1차 남북정상회담으로 남북관계가 열리기 시작했고, 2002년 6월 전 세계인의 축제인 월드컵 경기가 벌이지고 있던 상황에서 왜 북한은 무력도발을 감행했는가?

당시 북한이 NLL을 침범해 우리 함정에 대해 기습적인 사격공격을 가해온 첫 번째 이유는 제1차 연평해전에서 패배한 것을 보복함으로써 군부의 떨어진 위신과 사기를 만회하기 위한 것이었다. 두 번째로 북한이 소위 '서해 해상 군사분계선'과 '서해 5개 섬 통항질서'를 발표한 후에 도발한 것은

NLL 무력화의 연장선에서 나온 것이다. 세 번째는 미국의 '악의 축' 발언 등 대북 강경정책에 반발하는 한편, 한·일 월드컵대회에 찬물을 끼얹어 자신들의 존재를 세계에 부각시키기 위해서였다.

2009년 대청해전

'대청해전'은 2009년 11월 10일 대청도 동쪽 해역에서 NLL을 침범한 북한 경비정이 우리 측의 수차례에 걸친 퇴각 경고통신에 불응하고 계속 남하하자 경고사격을 실시한 우리 고속정에 대해 직접 조준사격을 가하기 시작, 이에 대응사격으로 격퇴시킨 사건이다.

2009년 9월 6차례, 10월 8차례에 걸쳐 북한 경비정들은 백령도와 연평도 근해의 NLL을 침범했다. 당시 북한 경비정들은 유도탄정과 어뢰정들의 지원을 받는 상태에서 NLL을 침범했고, 우리 해군함정을 조준하고 유도탄을 발사하는 모의 공격훈련을 실시하는 등 특이동향을 보였다.

이러한 상황에서 11월 10일 오전, 대청도 동쪽 해상에서 미식별 선박이 NLL 방향으로 접근하자 북한 함정이 남하했다. 이에 우리 고속정이 출항해 대응태세에 들어가자 미식별 선박은 북쪽으로 사라졌지만, 북한 함정은 NLL 수역으로 계

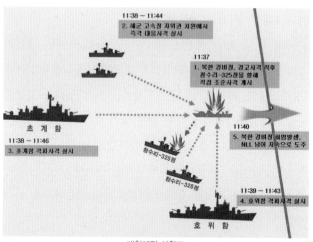

11:38 ～ 11:44
2. 해군 고속정 자위권 차원에서
즉각 대응사격 실시

11:37
1. 북한 경비정, 경고사격 곡후
참수리-325정을 향해
직접 조준사격 개시

초 계 함

11:38 ～ 11:46
3. 초계함 격파사격 실시

참수리-325정

참수리-328정

11:40
5. 북한 경비정 화염발생,
NLL 넘어 지역으로 도주

11:39 ～ 11:43
4. 호위함 격파사격 실시

호 위 함

대청해전 상황도
(출처: 해군본부, 「NLL, 우리가 피로써 지켜낸 해상경계선, 2011」)

속 접근했다. 우리 함정이 두 차례에 걸쳐 NLL을 침범하지 말 것을 경고하는 통신을 보냈으나 북한 함정은 이를 무시한 채 NLL을 침범했고, 우리 함정은 경고통신으로 퇴각할 것을 요구했다. 11시 30분경 NLL을 침범한 후 계속 남하하는 북한 함정에 대해 우리 함정들은 또 다시 경고통신을 두 차례 실시했으나 요지부동이었다. 이에 11시 37분 우리 고속정은 북한 함정 전방 해상으로 세 발의 경고사격을 실시했는데, 북한 함정이 함포 50여 발로 조준사격을 가해왔다. 조준사격을 받은 우리 고속정은 즉각 응사했고, 후방의 호위함과 초계함도 함포사격으로 대응해 북한 함정은 검은 화염에 휩싸인 채 NLL 이북으로 퇴각했다.

교전 당일 오후, 북한은 조선인민군 최고사령부 명의로 "이번 서해상 교전은 남측이 먼저 도발한 무장도발사건"이라고 주장했다. 11월 13일에는 "서해에는 오직 우리가 설정한 해상 군사분계선만이 있다는 것을 상기"시킨다고 하면서 "무자비한 군사적 조치가 취해할 것"이라고 협박했다. 또 12월에는 NLL 일대에 '평시 해상사격구역'을 선포하고 '남측 함정과 어선에 대한 공격도 불사하겠다'고 위협적인 언사를 이어갔다.

당시 북한 함정이 우리 측의 수차례 경고통신을 무시하고 NLL을 침범해 조준사격을 가하는 도발을 감행한 것은 무엇보다도 NLL을 무시하는 행동을 보인 것이다. 두 번째는 당시 이명박 정부의 대북정책에 대한 불만을 표시한 행동이고, 세 번째는 북한 군부의 호전적인 행태를 보인 것이라 할 수 있다.

2010년 천안함 피격사건

'천안함 피격사건'은 2010년 3월 26일 21:22분경 NLL 이남의 백령도 서남방 2.5km 해상에서 경계임무를 수행 중이던 우리 '천안함'이 북한 잠수정의 어뢰공격으로 피격되어 침몰하고 승조원 46명이 사망한 사건이다.

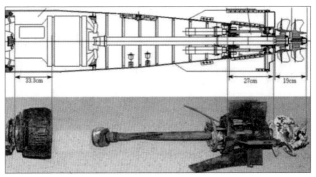
북한의 어뢰설계도와 어뢰추진동력장치

우리 해군 2함대 예하의 초계함 천안함은 2010년 3월 16일 백령도 서방 경비구역에 배치되어 통상적인 경비작전을 수행하고 있었다. 당시 천안함의 승조원 104명 중 29명은 야간 경계임무를 수행하고 있었고, 나머지 승조원은 휴식과 취침 중에 있었다. 그런데 21시 22분경 강력한 수중 폭발에 의해 천안함의 함체가 함수와 함미로 절단되었고, 함미 부분은 폭발과 함께 침몰했다. 그리고 23시 13분경, 부력으로 인해 침몰하지 않고 함수 부분에 생존해 있던 58명의 승조원들은 해군과 해양경찰청 함정에 의해 구조되었다. 3월 26일부터 5월 20일까지 탐색 및 인명 구조, 함체 인양, 실종자 및 잔해 인양 등이 이루어져 실종자 46명 중 전사자 40구가 수습되었고, 침몰한 함체의 함미는 4월 15일, 함수는 4월 24일 인양되었다.

우리 국방부는 민·군 전문가, 국회추천 전문위원, 미국·스웨덴·호주·영국의 전문가들로 구성된 민군 합동조사단을 구성해 3월 31일부터 침몰 원인에 대해 정밀조사에 들어갔다. 그리고 다국적 연합정보분석(TF)도 구성해 북한을 비롯한 주변국 해군활동에 대한 정보 분석도 동시에 진행했다. 5월 15일 민군 합동조사단은 천안함이 침몰한 인근 해역에서 결정적인 증거물인 프로펠러, 추진모터, 조종장치 등 어뢰추진 동력장치를 수거했다. 결국 민군 합동조사단은 모든 증거물과 수중폭발 시뮬레이션 등 과학적이고 객관적인 분석을 통해 북한의 소행임을 밝혀냈다. 즉, 천안함을 침몰시킨 직접적인 원인은 어뢰의 폭발이고, 어뢰의 폭발위치는 수심 6~9m 위치의 천안함 가스터빈실 중앙으로부터 좌현 3m 지점이며, 무기체계는 북한에서 제조해 사용 중인 고성능폭약 250kg 규모의 CHT-O2D 어뢰임이 확인된 것이다. 민군 합동조사단의 조사결과는 5월 20일 공식 발표되었고, 6월 14일에는 유엔안전보장이사회에도 보고되었다.

천안함 피격 이후 침묵으로 일관했던 북한은 5월 20일 조사결과가 발표된 직후 "합동조사 결과는 모략·날조극이며, 물증 확인을 위해 국방위원회 검열단을 남조선에 파견하겠다"는 국방위원회 대변인 성명을 발표했다. 5월 21일에도 북한 조국평화통일위원회와 외무성 대변인이 "천안함 조사결과는 미국의 승인·비호·조장에 의한 자작극"이라고 주장했다. 그리고 5월 24일 우리 정부가 북한의 책임을 묻기 위한 「5·24 대북제재조치」를 발표하자, 다음날 북한은 '남북관계의 전면 단절, 북남협력사업의 전면 철폐' 등을 주장하는 조국평화통일위원회 대변인 담화를 발표했다.

북한이 천안함을 공격한 의도는 무엇인가? 첫 번째, 북한 체제의 내부 결속을 위해 쇼킹한 이벤트가 필요했는데, 2008년 여름 이후 김정일의 건강 이상과 후계체계 구축, 2009년 화폐개혁 등으로 내부민심이 동요하고 있었기 때문이다. 두 번째는 북한이 대청해전 이후 '보복성전'을 경고해 왔는데, 대청해전의 패배를 만회하기 위해 치밀하게 계획해 실행한 보복작전이었다. 세 번째, 지속적인 북한의 NLL 무력화 기도의 일환이다.

2010년 연평도 포격도발 사건

'연평도 포격도발 사건'은 2010년 11월 23일 오후 북한군이 연평도에 방사포 포격을 가해와 우리 해병대 연평부대가 K-9 자주포 포격으로 맞대응한 사건이다.

우리 해병 연평부대는 2010년 11월 23일 사전 고지된 해상사격훈련계획에 따라 연평도 서남방 NLL 이남 해역에서 정례적인 해상사격훈련을 실시했다. K-9 자주포 4문의 사격 훈련은 오전에 이어 오후 13:00부터 실시되었는데, K-9 자주 포 1문에서 불발탄이 발생해 사격을 중지하고 정비에 들어갔 다. 그런데 14시 34분부터 3분 동안 북한군이 연평도에 방사 포 140여 발을 발사하는 1차 포격도발을 감행했다. 북한 방 사포의 80여 발은 해상에 낙하했으나, 60여 발은 연평도 내 의 군부대와 민가에 떨어져 폭발했다. 이에 연평부대는 K-9 자주포 3문으로 북한 지역 무도의 해안포 진지에 50발을 응 사했다. 그러자 15시 12분에서 15시 29분 사이에 북한 개머 리 지역의 방사포 진지에서 20여 발의 2차 포격이 가해졌다.

북한군의 연평도 포격도발 당시 모습

이에 연평부대는 K-9 자주포 4문으로 포격지점에 대해 30발의 대응사격을 실시했다. 연평도에 대한 북한의 무차별적인 포격도발로 인해 우리 해병 2명이 전사하고 민간인 2명이 사망했으며, 수십 채의 민간인 가옥과 산림이 불타는 피해를 입었다.

11월 23일 포격도발 후 북한은 최고사령부 대변인 보도를 통해 "남조선 괴뢰들이 우리 영해에 포사격을 가하는 군사적 도발을 감행해 우리 혁명무력이 즉시적이고 강력한 물리적 타격을 가했다"고 도발의 책임을 전가했다. 11월 24일에는 외무성 대변인 담화를 통해 "적들은 우리를 자극하지 않기 위해 연평도 남쪽 방향으로 포사격을 했다고 하지만, 어느 방향으로 쏘든 우리 측 영해 안에 포탄이 떨어지게 되어 있다"고 주장했다. 그리고 11월 25일에는 유엔사 측에 "서해가 분쟁수역이 된 것은 전적으로 미국이 우리 영해에 제멋대로 그은 NLL 때문이며, 또 군사적 도발을 하면 2차, 3차로 물리적 보복타격을 가할 것"이라고 위협하는 전통문을 보내왔다.

북한이 대규모 포격으로 우리의 영토인 연평도를 직접적으로 공격하는 무력도발을 감행한 것은 정전 이후 유례가 없는 사건이다. 이렇게 북한이 연평도에 대해 포격도발을 자행한 의도는 첫째, NLL 무력화 기도 차원에서 기획한 분쟁수역화 전술로 평가할 수 있다. 둘째, 예상하기 어려운 극단적인 도발을 감행함으로써 NLL 일대에서 우리군의 군사 활동을 위축시키고 국민들의 안보불안감을 조성하려는 것이었다. 셋째, 북한 체제 내부의 결속을 강화하고, 넷째, 국제적 제재와 고립의 심화 상황에 대한 국면전환의 목적도 있었다.

북한의 NLL 무력화 기도

1990년대 이후 남북회담에서 NLL 무실화 추구

북한은 1973년 서해 도발사태 이후 화전양면 전략으로 NLL을 무력화시키려고 기도해왔다. 즉, 북한은 서해 NLL을 침범하고 무력도발을 자행해 NLL 수역을 분쟁수역화 한 후 평화적인 협상을 통해 NLL의 폐기를 획책해 온 것이다. 특히 1990년대부터 북한의 NLL 무력화 책동은 유엔사와 남한을 상대로 매우 정교한 논리와 협상전략을 개발해 아주 집요하게 진행되었다.

1992년 남북고위급회담에서 해상 불가침경계선 주장

남북의 총리를 대표로 한 남북고위급회담이 1990년 9월부터 1992년 9월까지 8차례 개최되었다. 1992년 2월 19일 제6차 고위급회담에서는 정치적 화해, 군사적 불가침, 경제사회적 교류협력 등 남북관계를 규율하는 「남북기본합의서」를, 1992년 9월 17일 제8차 고위급회담에서는 「화해·불가침·교류협력 부속합의서」를 각각 서명·발효시켰다. 당시 「남북기본합의서」와 「불가침부속합의서」에서 합의한 불가침의 경계선과 구역 문제를 협의하는 과정에서 NLL 문제가 최초로 논의됐다.

남북고위급회담에서 최초 북한 측은 "불가침의 경계선은 1953년 7월 27일부 조선군사정전에 관한 협정에 규정된 군사분계선으로 한다"는 안을, 우리 측은 "불가침의 영역은 1953년 7월 27일자 군사정전에 관한 협정에 따라 남과 북이 각각 관할해 온 영역으로 한다"는 안을 제시했다. 북한 측 안에 대해 우리 측은 "지상의 경우는 군사분계선으로 하지만, 해상의 경우 군사분계선이 확정되어 있지 않으므로 휴전 이후 현재까지 관할해 온 구역으로 하자"고 제의했다. 북측은 남측이 제시한 '영역'이란 용어는 해당 국가의 영토를 의미하므로 부적절하고, 쌍방 군사력이 대치되어 있는 상황에서 불가침 문제는 '경계선'이란 용어를 명기해야 한다고 주장했다. 그런데 1991년 12월 제5차 고위급회담에서 북측은 "불가침 경계선 문제는 남측이 만족할 만한 내용으로 양보하겠다"고 하면서 "불가침 경계선은 1953년 7월 27일부 조선군사정전에 관한 협정에 규정된 군사분계선과 지금까지 쌍방이 관할하여 온 구역으로 한다"고 수정안을 제시했다. 결국 쌍방은 「남북기본합의서」 제11조에 "남과 북의 불가침 경계선과 구역은 1953년 7월 27일자 군사정전에 관한 협정에 규정된 군사분계선과 지금까지 쌍방이 관할하여 온 구역으로 한다"에 합의했다.

「남북기본합의서」 제2항 불가침 조항의 구체적인 이행 대책을 협의하기 위해 남북군사분과위원회 회담이 1992년 3월부터 9월까지 8차례 열렸는데, 당시 해상의 불가침 경계선 문제가 첨예한 쟁점이었다. 최초 북측은 "해상 불가침 경계선과 구역은 동해에서는 군사분계선을 위도 상으로 연장한 선으로 하며, 서해에서는 조선군사정전에 관한 협정 해당조항에 따라 지금까지 쌍방이 관할해 온 계선과 구역으로 한다"고 주장했다. 이에 대해 우리 측은 "「정전협정」에는 해상경계선에 관한 해당조항이 없다. 그러나 「정전협정」 체결 이후 지금까지 남북 쌍방은 서로의 관할구역을 존중해왔다. 그래서 「남북기본합의서」 제11조를 합의한 것이다"라며 북측안의 문제점을 지적한 후 "해상 불가침 구역은 1953년 7월 27일자 군사정전에 관한 협정 이후 지금까지 쌍방이 관할하여 온 구역으로 한다"는 문안을 제시했다. 북측은 계속해서 「남북기본합의서」 합의정신에 맞게 부속합의서는 해상과 공중의 불가침 경계선을 확실하게 확정해야 한다"고 고집했고, 서해 해상경계선은 "「정전협정」에 따라 황해도와 경기도의 도경계선을 연장한 선으로 할 수 있다"고 주장했다. 우리 측은 "해상에서 경계선을 긋자는 것은 말이 성립되지 않는다. 황해도와 경기도 도경계선을 계선이라고 하는 북측의 주장은 「정전협정」 제13조 (ㄴ)목과 부록 지도를 볼 때 상식 이하의 주장이다. 남북한은 1953년 7월 「정전협정」 체결 직후 선포한 NLL을 지금까지 지켜왔다. 그것을 경계선으로 정하는 것은 검토할 수 있다. 하지만 아직 완전한 평화 상태가 되기 전인 정전협정 상태에서는 지금까지 준수하고 지켜온 관행을 존중해야 한다"고 북측의 부당성을 지적했다. 이렇게 군사분과위에서 해상경계선에 대한 쌍방의 입장이 평행선을 달리자 북측은 군사공동위원회에서 계속 토론하자고 주장했다. 결국 해상의 불가침 경계선과 구역 문제는 군사분과위에서 합의점을 찾지 못한 채 제8차 고위급회담으로 넘어갔다.

1992년 9월 18일 제8차 고위급회담에서 마침내 「불가침부속합의서」의 핵심 쟁점인 해상 불가침 경계선과 구역 문제가 최종 조율되었다. 「불가침부속합의서」 제10조는 "남과 북의 해상 불가침 경계선은 앞으로 계속 협의한다. 해상 불가침 구역은 해상 불가침 경계선이 확정될 때까지 쌍방이 지금까지 관할해 온 구역으로 한다"에 합의했다. 이는 해상 불가침 경계선 문제는 앞으로 계속 협의해 나가되, 새로운 해상경계선이 확정될 때까지 지금까지 관할해 온 구역을 해상 불가침 구역으로 한다는 의미다. 요컨대, 쌍방은 새로운 해상경계선이 확정될 때까지 지금까지 해온 것처럼 NLL을 기준으로 관할해 온 구역을 불가침 구역으로 존중하기로 합의한 것이다.

1999년 유엔사─조선인민군 장성급회담에서
서해 해상 군사분계선 설정 주장

북한은 1991년 3월 군사정전위 유엔사 측 수석대표로 한국군 장성이 임명된 것을 빌미 삼아 1993년부터 1995년 사이에 군사정전위 북한군과 중국군 대표, 중립국감독위원회 체코와 폴란드 대표를 철수시켰다. 그리고 1996년에는 판문점 공동경비구역(JSA)에 중무장 병력을 투입시키고 동해안에 잠수함을 침투시키는 등 「정전협정」 위반행위를 자행했다. 이러한 북한의 정전체제 무력화 책동에 따라 군사정전위 본회의를 대신해 「정전협정」 관련사항을 협의하는 유엔사─조선인민군 장성급회담이 1998년 6월 23일 출범해 2009년 3월 6일까지 16차례 개최되었다.

1999년 제6~11차 유엔사-조선인민군 장성급회담에서 북한군 측은 NLL을 폐기시키고 새로운 해상 군사분계선을 설정하려고 기도했다. 1999년 6월 15일 제1차 연평해전이 발발한 직후 개최된 제6차 회담에서 북한군 측은 "남측의 사격에 의해 북측 함정이 침몰했다"고 비난하면서 "당신 측이 그어놓은 분계선을 인정한 적도 없고, 당신 측이 우리에게 통보한 적도 없으며, 쌍방이 합의한 적도 없다. 당신 측이 그 분계선까지 함정을 배치시킨 것은 「정전협정」 위반이며 우리 영해의 침범행위"라고 시비를 걸어왔다. 이에 유엔사 측은 "NLL은 실질적인 해상경계선으로 지켜온 것이며, 「남북기본합의서」 제11조와 「불가침부속합의서」 제10조에 명시된 대로 우리 측이 관할해 온 구역이다"라는 점을 강조했다.

1999년 7월 21일 제9차 회담에서 북한군 측은 새로운 해상 군사분계선을 설정할 것을 주장하면서 "황해도와 경기도 도계선 '가-나' 선을 연장해 북측 강령반도 끝단 등산곶과 남측 굴업도 사이의 등거리 점, 북측 옹도와 남측 서격렬비도·서엽도 사이의 등거리 점, 우리나라와 중국 사이의 반분선과 사귐 점을 연결하는 선"을 제시했다. 이에 유엔사 측은 "NLL은 협상의 대상이 될 수 없으며, 해상경계선에 관한 협상은 「남북기본합의서」에 따라 남북군사공동위에서 협의해야 하고, 새로운 불가침 경계선이 확정될 때까지 현재의 NLL은 반드시 준수되어야 한다"고 대응했다. 북한군 측은 "서해 해상경계선은 철저히 「정전협정」과 관련된 문제로 책임당사자인 북한군과 유엔사 사이에 해결해야 한다"고 강변했다. 8월 17일 제10차 회담에서도 북한군 측은 "서해상에서 군사적 충돌이 발생하는 것은 쌍방이 합의한 해상 군사분계선이 없기 때문이며, 이를 해결하기 위해서는 새로운 해상 군사분계선을 설정해야 한다"고 반복 주장했다.

1999년 9월 1일 제11차 회담에서 북한군 측은 "NLL에 대한 유엔사 측의 부당한 입장과 태도를 포기하지 않는다면 우리의 자주권을 수호하기 위한 선택을 하지 않을 수 없다"고 위협하고, 유엔사 측에게 "서해 해상 군사분계선 설정에 대한 최종적인 공식입장을 발표해 줄 것"을 요구했다. 이에 유엔사 측은 "서해상에서 긴장완화 및 충돌방지를 위한 실질적인 군사분계선 역할을 해 온 NLL은 협상대상이 될 수 없다. 새로운 해상경계선을 설정하는 문제는 「남북기본합의서」에 따라 군사적 신뢰구축조치 이행 문제와 함께 남북군사공동위를 통해 협의할 수 있다. 그러나 남북 간에 별도 협의를 통해 새로운 해상 불가침 경계선이 확정될 때까지는 현재의 NLL을 반드시 준수해야 한다. 우리는 이 같은 입장을 확고히 지켜나갈 것이다"라고 재강조했다. 이에 북한군 측은 "더이상 장성급회담이 필요 없다"고 하면서 "「정전협정」에 따른 우리 해상 군사통제 수역을 수호하기 위한 단호하고 결정적인 조치를 취하게 될 것"이라고 위협했다.

1999년 「서해 해상 군사분계선」 및
2000년 「서해 5개 섬 통항질서」 선포

제11차 유엔사-조선인민군 장성급회담에서 위협한 것처럼 북한은 1999년 9월 2일 조선인민군 총참모부 특별보도를 통해 '조선 서해 해상 군사분계선'이라는 것을 발표했다. 북한은 "「정전협정」상의 경기도-황해도 도경계선을 연장해 남북 등거리로 연결한 '서해 해상 군사분계선'을 설정하고, 그 북쪽 해상이 북한군의 해상군사통제수역"이라고 하면서 NLL의 무효를 선포했다.

또 북한은 2000년 3월 23일 조선인민군 해군사령부 중대보도를 통해 "조선 서해 해상분계선 선포의 후속조치로 「5개 섬 통항질서」를 공포"한다고 밝혔다. 「5개 섬 통항질서」란 백령도와 대청도, 소청도 구역 및 연평도 구역으로 진출입하는 2개 수로를 지정하고, 미군 측 함정과 민간 선박들은 이 수로만 이용 가능하며 출입 시 사전 승인을 얻어야 한다는 주장

북한이 주장하는 서해 해상 군사분계선 및 「5개 섬 통항질서」

이다.

　이러한 북한의 '서해 해상 군사분계선 및 5개 섬 통항질서' 주장은 「정전협정」 「유엔해양법협약」 「남북기본합의서」에 정면 위배되는 것이다.

　첫째, 「정전협정」과 관련해 볼 때 경기도-황해도 도경계선을 연장해 남북 등거리로 연결한 '서해 해상 군사분계선'은 「정전협정」 첨부지도의 주석에 "경기도-황해도 도경계선 '가-나' 선에 대해 어떤 다른 의미를 부여해서는 안 된다"는 규정을 무시하는 것이다. 그리고 북한이 선포한 서해 해상 군사분계선의 이북 해상이 북한군의 해상군사통제수역이고, 서해 5도에 드나들 때 북한의 사전 승인을 받고 지정한 항로를 이용하라는 주장도 상대방 육지 및 도서의 인접해면을 존중하고 항구에 대해 봉쇄를 금지하는 「정전협정」 제15항에 위배된다.

둘째, 서해 해상 군사분계선의 북쪽 서해 5도 주변해역이 북한의 영해라고 주장하는 것은 '도서도 자체의 영해를 가지는 원칙'을 확립하고 있는 「유엔해양법협약」에 위배된다. 「유엔해양법협약」 제121조 2항에는 "도서의 영해, 접속수역, 배타적 경제수역 및 대륙붕은 다른 영토에 적용 가능한 이 협약의 규정에 따라 결정한다"고 규정하고 있다. 따라서 서해 5도의 주변 해역은 12해리 범위 내의 영해를 가질 수 있는 것인데도 북한이 자신의 영해라고 주장하는 것은 어불성설이다.

셋째, 북한이 일방적으로 해상 군사분계선을 선포하는 것은 남북합의를 무시하는 주장이다. 「남북기본합의서」 및 「불가침부속합의서」에서 해상 불가침구역은 NLL을 전제로 합의했고, 해상 불가침경계선은 계속 협의하기로 하되 해상 불가침경계선이 확정될 때까지 기존의 관할구역을 존중하기로 합의했던 것이다. 따라서 북한의 일방적인 해상 군사분계선 주장은 남북 간의 협의를 통해 해상 불가침경계선을 설정할 때까지 NLL을 존중·준수하기로 한 남북합의를 위반하는 것이다.

2004년 남북장성급군사회담에서 서해상 무력충돌 방지 합의

2003년 출범한 노무현 정부는 매년 꽃게잡이철마다 발생하는 북한의 서해 NLL 침범과 무력충돌 문제를 해소하기 위해 북한 측에 군사회담 개최를 촉구했다. 그리고 2004년 2월과 5월 개최된 남북장관급회담에서의 합의에 따라 군사적 긴장완화를 위한 남북장성급군사회담이 출범했다.

2004년 5월 26일 제1차 남북장성급군사회담에서는 군사적 긴장완화와 관련한 쌍방의 기본입장이 개진되었다. 남측은 매년 꽃게잡이철마다 서해상에 군사적 긴장이 높아지는 상황을 고려할 때 서해상 우발적 충돌방지 방안을 시급히 마련해야 한다고 강조하면서 서해 함대사간 직통전화 설치·운영, 경비함정 간 공용주파수 설정·운영 및 시각신호 제정·활용, 제3국 불법 어로활동 단속과 관련한 정보교환 등 네 가지 조치를 제안했다. 반면, 북측은 군사분계선 일대에서 상대방을 자극하는 선전활동을 중지하고 선전수단을 제거하는 문제가 절박한 과제라고 하면서 6월 15일부터 전연 일대의 모든 선전활동 완전 중지 및 8월 15일까지 확성기, 구호, 전광판 등 모든 선전수단의 전면 제거 등을 제시했다.

2004년 6월 3~4일 제2차 회담에서는 쌍방이 제시한 방안에 대해 협의와 절충이 이루어졌다. 최초 북측은 "서해 해상에서 충돌을 막자면 잠정적으로라도 쌍방 함선을 격리시킬 수 있는 계선이 명백히 설정되어야 한다. 서해상에서 새로운 해상경계선을 설정하는 것만이 우발적 충돌을 방지할 수 있다"고 주장했다. 이에 우리 측은 "NLL은 남북 모두 지난 50여 년간 준수해 온 해상경계선인 만큼 NLL을 인정하는 가운데 우발적 충돌을 방지할 수 있는 실질적인 의사소통수단을 마련해야 한다"고 강조했다. 결국 북측은 NLL을 전제로 한 서해 우발적 충돌방지 방안을 시급히 실현하자는 우리 측의 입장을 수용하고, 우리 측은 군사분계선 일대 선전활동 중지와 선전수단 제거가 절박한 과제라는 북측의 입장을 수용해 「서해 해상에서 우발적 충돌방지와 군사분계선 지역에서의 선전활동 중지 및 선전수단 제거에 관한 합의서 (6·4합의)」를 채택했다.

2004년 최초 「해상경비계선」 주장

우발적 충돌 방지에 관한 「6·4합의」에 따라 서해 NLL 해상에서 남북의 함정 간에 국제상선공통망을 통해 상호 교신이 이루어졌다. 그런데 2004년 12월 북한 함정이 교신을 통해 최초로 '해상경비계선'이라는 것을 주장했다. 당시 북한 경비정이 NLL을 향해 접근하자 우리 측 함정은 경고통신과 함께 NLL 침범을 저지하기 위해 출동했다. 그러자 북한 경비정은 통신망으로 NLL 인근으로 기동하는 우리 고속정에게 북한의 해상경비계선을 넘어 북한 영해로 침범했다고 주장했다. 북한 경비정이 북한의 해상경비계선이 존재한다고 하면서 불러준 경비계선의 좌표는 연평도와 소청도 사이의 NLL 이남 해역에 그어진 선이었다.

이렇게 북한은 2004년 12월 처음으로 'NLL 남쪽에 북한의 해상경비계선이 존재한다'고 주장하기 시작했다. 이후 북한은 소위 '해상경비계선'이란 것을 NLL 무실화의 협상논리로 활용할 뿐만 아니라 NLL 일대 무력도발의 명분으로 이용하고 있다.

2006년 남북장성급군사회담에서
남북간「서해 해상 군사분계선」설정 주장

2005년 6월 23일 제15차 남북장관급회담에서 남북은 "서해 해상에서의 평화정착을 촉진하기 위해 남북경제협력추진위원회 산하에 수산협력실무협의회를 구성·운영하기로 하고, 이 협의회를 7월 중으로 개최해 공동어로 등 수산협력문제들을 협의·해결하기로 했다"고 합의했다. 이에 따라 2005년 7월 27일 개최된 제1차 남북수산협력실무협의회에서 "평화정착과 공동이익의 원칙에서 서해상의 일정한 수역을 정하여 공동어로를 진행"하기로 하고, "공동어로 수역과 공동어로 시작 시기는 남북군사당국회담에서 합의되는 데 따라 확정하기로 한다"고 합의했다.

이러한 합의에 따라 남북장성급군사회담에서는 서해 해상 무력충돌 방지와 공동어로 실현 문제를 협의하게 되었다. 그런데 북한은 1990년대 초 남북고위급회담 이후 14년 만에 김영철 중장을 회담대표로 내보내 NLL 무실화를 본격적으로 기도했다. 2006년 3월 2~3일 제3차 남북장성급군사회담에서 우리 측은 서해상 충돌을 방지하기 위해 2004년 「6·4합의」를 보완·개선하는 조치와 함께 NLL 기준의 '등거리·등면적 원칙'을 적용한 공동어로수역을 설정하고 바다목장을 시범 조성하는 방안을 제의했다. 북측은 "서해상 충돌방지와 공동어로를 실현하기 위해서는 남북 군사당국 간에 서해 해상 군사분계선을 확정하는 문제부터 우선 협의·해결해야 한다"고 주장하면서 북한 민간선박의 해주항 직항과 제3국 경유 북한 선박의 제주해협 통과 문제도 해결해주도록 요구했다.

2006년 5월 16~18일 제4차 남북장성급군사회담에서도 우리 측은 서해 충돌방지와 공동어로 실현을 위한 군사적 대책은 기존에 남북이 관할해 온 수역과 그 기준선인 NLL 의 존중·준수 원칙에 따라 협의하고, 북측이 제기하는 해상경계선 문제는 「남북기본합의서」 상의 군사 분야 합의사항을 함께 이행하는 원칙에 따라 협의해 나갈 수 있다는 입장을 밝혔다. 이에 북측은 서해상 공동어로수역은 새로운 해상 군사분계선 확정을 전제로 설정되어야 하는 만큼 쌍방의 모든 주장을 포기하는 원칙에 기초해 내외가 인정하는 법적·제도적 요구에 맞게 새로운 해상 군사분계선을 우선적으로 설정해야 한다는 입장을 되풀이했다.

이처럼 3, 4차 장성급군사회담에서는 해상 무력충돌 방지와 공동어로수역 설정 문제를 협의했는데, 우리 측은 그동안 실질적인 해상경계선의 역할을 해온 NLL을 존중·준수하는 원칙에서 협의해야 한다는 입장을 견지했다. 반면 북측은 NLL을 포기하고 새로운 해상 군사분계선을 확정하는 문제부터 우선적으로 협의·해결해야 한다고 고집했다.

2007년 남북장성급군사회담에서
NLL 이남 수역에 공동어로수역 설정 주장

2007년 5월 8~11일 제5차 장성급군사회담에서 군사적 긴장완화 및 평화정착을 위한 서해 해상 충돌방지와 공동어로 문제가 계속 협의되었다. 북측은 "서해 해상에서 충돌을 방지하고 공동어로를 실현하기 위해서는 서해 해상 군사분계선 설정 문제를 협의·해결해야 한다"는 것이 기본입장이라고 하면서 "공동어로수역은 남측의 NLL과 북측의 12해리 영해선 사이에 설정하고, 서해 해상 군사분계선 문제는 앞으로 계속 협의·해결해 나가자"는 새로운 제안과 함께 해주항 직항과 제주해협 통과를 허용해 줄 것을 집요하게 요구했다. 이에 우리 측은 'NLL의 존중·준수 및 「남북기본합의서」의 군사 분야 합의사항 이행'이라는 두 가지 전제 하에 협의해야 한다는 입장으로 대응했다.

2007년 7월 24~26일 제6차 장성급군사회담에서도 쌍방의 입장은 평행선을 그었다. 남측은 "서해상 군사적 충돌을 방지하기 위해 기존의 충돌방지 합의사항을 성실히 이행하는 가운데 서해 함대사 간 직통전화 설치, 함정 간 정기 시험 통신, 비난행위 중지 등 실질적인 개선방안을 마련하고, 공동어로수역은 NLL을 기준으로 시범적으로 설정·운영하되 서해상 평화가 정착되는 데 따라 확대해나가자"고 제의했다. 이에 북측은 "NLL을 인정할 수 없으며 서해 해상 군사분계선 설정문제부터 우선적으로 협의해야 한다"고 하면서 "북한도 1992년에 해상계선을 선포한 만큼 공동어로구역은 남측의 NLL과 북측의 경비계선 사이에 설정해야 한다"고 주장했다. 북한이 처음으로 NLL과 경비계선 사이에 공동어로구역을 설정하려는 속내를 밝힌 것이다.

결국 2006년과 2007년 개최된 장성급군사회담에서 협의된 서해상 무력충돌 방지와 공동어로수역 설정 문제는 NLL 문제로 교착상태에 빠졌다. 남측은 실질적인 해상경계선인 NLL을 인정하는 전제 하에 협의해야 한다는 입장을 견지했다. 그러나 북측은 NLL을 인정할 수 없다는 기본입장에 따라 처음에는 새로운 해상 군사분계선 설정문제부터 우선적으로 협의해야 한다고 했다가 나중에는 남측의 NLL과 북측의 12해리 영해 사이, 그리고 NLL과 경비계선 사이, 다시 말해 NLL 남쪽에 공동어로구역을 설정해야 한다고 주장한 것이다.

2007년 제2차 남북정상회담에서 '서해평화협력특별지대' 설정 합의

노무현 정부는 제2차 남북정상회담을 준비하는 과정에서 남북 군비통제 및 경제협력 차원에서 서해 공동어로, (한강) 하구 개발, DMZ 비무장화 등을 추진하는 포괄적인 방안으로 '서해평화협력특별지대'라는 개념을 구상했다. 그리고 '서해 공동어로구역'의 협상과 관련해 '새로운 해상경계선을 협의해 확정할 때까지 NLL의 지위를 인정해야 한다'는 기본입장을 견지하되 기존의 'NLL 기준의 등거리·등면적 원칙'에서 '등거리 원칙'을 양보한 '등면적 원칙'을 적용하는 방안을 검토했다.

이러한 '서해평화협력특별지대'의 설치방안은 2007년 10월 3~4일 제2차 남북정상회담에서 합의되었는데, 김정일 국방위원장과 협의하는 과정에서 나온 노무현 대통령의 NLL에 대한 언급은 두고두고 논쟁거리가 되었다. 어쨌든 제2차 남북정상회담의 「10·4 선언」 제5조에 "해주 지역과 주변 해역을 포괄하는 서해평화협력특별지대를 설치하고 공동어로구역과 평화수역 설정, 경제특구 건설과 해주항 활용, 민간선박의 해주직항로 통과, 한강하구 공동이용 등을 적극 추진해 나가기로 하였다"고 규정하고, 제3조에 "서해에서의 우발적 충돌방지를 위해 공동어로수역을 지정하고 이 수역을 평화수역으로 만들기 위한 방안과 각종 협력사업에 대한 군사적 보장조치 문제 등 군사적 신뢰구축조치를 협의하기 위해 남측 국방부장관과 북측 인민무력부장 간 회담을 금년 11월 중 평양에서 개최하기로 하였다"고 합의했다.

2007년 남북국방장관회담과 장성급군사회담에서
NLL-경비계선 사이 평화수역 설정 주장

「10·4 선언」 제3조의 합의에 따라 2007년 11월 27~29일 개최된 제2차 남북국방장관회담에서 공동어로구역 및 평화수역 설정문제가 주요 의제로 논의되었는데, 쌍방 간에 NLL 문제에 대한 논쟁이 치열하게 전개됐다. 특히 노 대통령으로부터 협상 권한을 위임 받아 국방장관회담에 임했던 김장수 국방부장관은 단호한 입장과 자세로 NLL 문제에 대처했다.

11월 27일 첫 회의가 개시되자마자 북측 김일철 인민무력부장은 "남측이 불법적인 NLL을 유지하려는 입장에 매달리는 것은 남북 정상 간의 약속을 지키지 않으려는 것"이라고 비난한 후 "전쟁 방지를 위해 1990년대 「불가침합의」를 철저히 이행하려면 불가침 지상경계선을 철저히 준수하고 서해 해상경계선을 확정해야 한다"는 기본입장을 제시했다. 김장수 국방부장관은 우리 측 기본입장으로 "서해에서 평화를 보장하기 위한 실천방안으로 공동어로구역을 지정하고, 이 구역을 평화수역으로 점차 확대하며 남북 함대사 간 직통전화 개설 등 신속한 의사소통 수단을 마련하자"고 제안했다.

쌍방의 기본입장 개진에 이은 협의에서 김일철 인민무력부장은 "서해 공동어로수역과 평화수역을 확정하면서 해상경계선을 그어줘야 한다. … 해상경계선이 없으면 해주특별구역과 공동어로구역을 실현할 수 없기 때문에 이 문제에 대해 신중하게 토론해 보자"고 밀고 나왔다. 이에 김장수 장관은 "군사회담에서는 NLL을 인정·존중하면서 「남북기본합의서」

의 합의사항들과 함께 해상경계선 문제를 협의해야 한다. …
NLL은 전쟁이 끝난 당시부터 지금까지 남북 간 해상경계선
으로 공고화되어 실효적으로 유지되어 온 만큼 이를 인정하
고 토론하자"고 대응했다.

그런데 김일철 인민무력부장이 "북측이 NLL을 인정할 테
니 남측도 북측이 그어놓은 선을 인정하라. … 북측이 제안
하는 선과 구역은 쌍방이 주장하는 선을 모두 인정하고 그
사이를 평화수역으로 설정한다는 개념"이라고 발언했다. 김
영철 중장도 "북한이 1950년대 초에 해상경계선을 선포했으
므로 두 계선을 인정하는 조건에서 토론하는 것이 공정하다"
고 거들었다. 이에 김장수 장관은 "NLL을 영토 개념으로 생
각하고 있는 우리 국민들의 인식을 누구도 깨뜨릴 수 없다.
… 남북정상회담 당시 노 대통령은 NLL 위에 공동어로수역
을 덮는, 즉 NLL이 공동어로수역 밑에 살아 있는 개념으로
설명했고, 두 정상이 이 문제에 대해 충분히 토의해 합의했
다"고 강조했다.

11월 28일 2일차 회담에서 김일철 인민무력부장이 "북측
이 준비해온 평화수역과 공동어로수역 설정 지도에 대한 설
명을 들어보고, 이를 노무현 대통령과 북측 최고사령관에게
보고해 해결하자. 그리고 인민무력부장과 국방부장관이 쌍방
의 방안에 대해 언론에 설명해서 해결하자"고 제안했다. 이

에 김장수 장관은 "북한이 서해를 겨냥해 미사일과 방사포를 배치하고 있고, 과거 '서울불바다'를 언급했으며, 현재 핵과 미사일을 개발하고 있는 등 군사위협 속에서 공동어로구역과 평화수역을 설정하는 데 대해 우리 국민과 언론은 굉장히 큰 의구심을 갖고 우려하고 있다"고 지적했다. 또 "현실적으로 NLL에 대해 알고 있고, 인정하고 있으며 유지해오고 있는 사실을 전제로 협의해야 한다"는 입장을 분명히 하면서 북측의 제안을 일축했다.

국방부장관과 인민무력부장 간의 불꽃 튀는 NLL 논쟁으로 경색된 분위기 속에서 국방장관회담 합의서의 문안 협의를 위해 남측 정승조 중장과 북측 김영철 중장 간의 실무접촉이 이루어졌다. 먼저 김영철 중장은 "쌍방 정상들이 말씀하신 기본취지는 '서로가 주장하는 계선에서 물러나라'는 것인데도 남측은 이를 이해하지 못하고 공동어로구역에 대해 NLL을 기준으로 한 등면적 안을 내놓았다. 북측은 수용할 수 없으니 이 안으로 협의할 생각하지 마라. … 북측은 NLL 남쪽과 경비계선 북쪽에 설정하는 것을 원한다"고 언급하면서 평화수역과 공동어로구역이 그려진 「서해평화협력특별지대의 협력수역(방안)」 지도를 내놓았다. 이에 정승조 중장은 "김장수 장관이 모든 권한을 부여 받았고, 우리 측이 제시하는 안이 우리 정부의 최종안이라는 것을 이해하고 검토하기

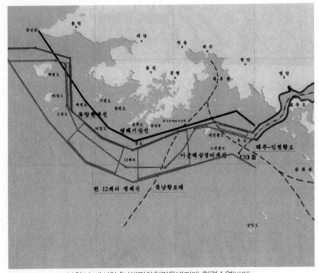

북한이 제시한 「서해평화협력특별지대 협력수역(방안)」

바란다"고 맞받아치면서 NLL을 기준으로 한 '등면적 원칙'을 적용해 공동어로구역을 설정하고 이를 평화수역으로 만들자는 방안을 제시했다.

김영철 중장은 북측 방안에 대해 "12해리 영해선 북쪽은 북한의 수역이지만 남측에서 NLL을 기준으로 하고 있기 때문에 남측의 NLL과 북측의 해상경비계선 사이를 평화수역으로 설정해 그 일부 수역을 공동어로수역으로 정하자는 것이고, 임진강 하구부터 백령도 북방까지 넓게 적용하자"는 것이라고 설명했다. 그리고 우리 측의 방안에 대해 노 대통령이 승인한 것인지를 확인하고, 남측의 NLL과 북측의 해상경비계선이 모두 살아 있는 북측 안의 수용 여부를 대통령에게 다시 보고해 결심을 받을 것을 요구했다. 이에 정승조 중장은 "우리 측이 제시한 방안은 정부의 공식적인 입장이며, NLL 위에 공동어로구역을 설정하자는 원칙이 준수되어야 한다"는 점을 명확히 강조했다.

결국 제2차 국방장관회담에서는 "서해 해상에서의 군사적 긴장을 완화하고 충돌을 방지하기 위해 공동어로구역과 평화수역을 설정하는 문제를 남북장성급군사회담에서 빠른 시일 안에 협의·해결"하기로 합의했다. 이에 따라 2007년 12월 12~14일 제7차 남북장성급군사회담이 개최되었다. 우리 측은 NLL을 인정·준수하는 원칙에서 NLL을 기준으로 하는 등면적 원칙의 공동어로구역 설정방안을 재차 제안했다. 반면 북측은 제2차 국방장관회담에서 제시했던 「서해평화협력특별지대 협력방안」을 반복 설명하면서 NLL과 해상경비계선 사이에 평화수역과 공동어로구역을 설정하자는 기존 입장을 끝까지 고수했다.

이처럼 제7차 장성급군사회담에서도 공동어로구역과 평화수역 설정 문제는 쌍방의 입장 차이로 평행선을 그었다. 2008년 이후 북한의 천안함 피격사건과 연평도 포격도발 등으로 남북관계가 단절되고 경색국면이 지속되면서 더 이상 서해평화협력특별지대와 공동어로구역 문제를 협의할 수 없었으며, 우리 내부에서도 정치적 논쟁의 주요 이슈가 되어버렸다.

앞에서 살펴본 바와 같이, 2006년과 20007년 개최된 남북군사회담에서 북한은 처음에 "새로운 서해 해상경계선 문제를 우선적으로 협의·해결할 것"을 주장하다가 나중에 공동어로구역을 "남측의 NLL과 북측의 12해리 영해선 사이", 마지막엔 "남측의 NLL과 북측의 해상경비계선 사이"에 설정하자는 주장으로 바꾸었다. 그런데 해상경비계선과 관련해 북측은 "1950년대 NLL이 설정된 직후 설정했다" "1977년 8월에 선포했다" "1992년에 선포했다" 등 일관성 없는 주장을 하면서도 어떤 기준으로 설정했는지에 대한 설명이나 언급은 하지 않았다. 특히 「10·4 선언」에서 '서해평화협력특별지대'에 합의한 후 개최된 국방장관회담과 장성급군사회담에서 북측은 NLL과 해상경비계선 사이에 평화수역과 공동어로구역을 설정하자는 주장을 끝까지 굽히지 않았다. 결국 북한은 공동어로구역이든 평화수역이든 NLL 이남 수역에 설정할 것을 주장하는데, 이는 군사회담에서 공동어로구역과 서해평화협력특별지대의 설정을 명분으로 NLL을 무실화 시키고자 했던 속내를 내보인 것이다.

2010년 연평도 포격도발 이후
서해 해상 군사분계선과 경비계선 지속 주장

2006년과 2007년 남북군사회담에서 북한은 NLL과 해상 경비계선 사이에 평화수역과 공동어로구역을 설정하자고 고집하면서 NLL 무실화를 기도했다. 그러나 우리 측의 NLL 인정·준수 입장에 막혀 자신의 의도를 관철시키지 못했다. 이에 북한은 무력도발을 통한 NLL 무실화 책동으로 나왔다.

북한은 2010년 11월 23일 연평도 포격도발을 계기로 1999년 일방적으로 선포했던 해상 군사분계선을 또 다시 들

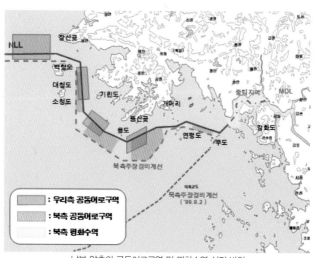

남북 양측의 공동어로구역 및 평화수역 설정 방안

고 나와 NLL을 부정했다. 북한은 연평도에 대한 무차별 포격도발을 자행한 후 "남측이 북한 영해에 포사격을 가해와 정당하게 대응한 것이고, 서해에는 오직 북한이 설정한 해상군사분계선만이 존재한다"고 주장한 것이다. 또 우리 해병 부대의 정례적인 해상사격훈련을 실시할 때마다 소위 '해상경비계선'을 기준으로 삼아 군사적 도발위협을 반복하고 있다. 협상을 통한 NLL 무실화 책동이 먹히지 않자 군사적 위협과 도발로 NLL의 분쟁수역화 책동을 지속하고 있는 것이다.

우리 내부의 NLL 논쟁

제1·2차 연평해전과 NLL에 대한 법적 논쟁

1999년 1차 연평해전과 2002년 2차 연평해전 등 NLL 일대에서 발생한 남북 간 무력충돌은 남북관계를 긴장과 위기로 몰고 갔을 뿐만 아니라 우리 내부에서도 NLL에 대한 법적 논쟁을 촉발시켰다. 논쟁의 초점은 NLL의 법적 정당성과 실효성 여부에 대한 것이었다.

먼저 NLL이 법적 정당성과 실효성을 확립하고 있다는 견해로 ① 실효적 지배설 ② 응고설 ③ 특별 관습법설 ④ 필수적 사후조치설 ⑤ 정전체제 하의 방위수역설 또는 작전수역

설 등이 있다.

'실효적 지배설'이란 국제법적 권원의 유무를 불문하고 현실적인 사실상의 지배를 존중해 법적 정당성을 부여하는 견해다. 서해 5도는 분단 이후 6.25전쟁 당시는 물론 지금까지 계속해서 대한민국의 영토였으며, NLL과 이남 수역도 대한민국이 실효적으로 지배·통제해왔다. 요컨대 이러한 사실상의 지배를 근거로 하여 NLL이 역사적 권원을 갖고 있다는 것이다.

'응고설(consolidation theory)'이란 국제법상 영토에 관한 '영역권'은 점유주의에 입각한 일방적 영토 취득뿐만 아니라 '합의, 승인, 묵인'과 같은 다양한 방식에 의해 응고되며 확정되어 간다는 이론이다. 응고설에 따르면, NLL은 지난 60여 년 동안 북한의 사실상 '묵인' 하에 성립된 여러 관행을 통해 명확하게 응고되었다. 특히 북한이 아무런 이의도 제기하지 않고 준수해온 1953년부터 1973년까지 20년의 기간은 '묵시적 승인(묵인)의 법리'가 적용되는 충분한 기간이다. 일단 '묵시적 승인의 성립'이 이루어진 다음에는 '금반언의 법리'가 적용되기 때문에 사후에 묵인한 사실과 다른 의사표시를 하더라도 유효성을 가질 수 없다. 결국 북한의 NLL에 대한 묵시적 승인은 인정된다는 것이다.

'특별 관습법설'은 특별 관습법으로 NLL이 정당성을 확보하고 있다는 견해다. NLL은 유엔사에 의해 정전협정의 안정적 유지·관리를 위한 일방적 조치로 설정된 것이나 북한이 수십 년 동안 명시적인 이의를 제기하지 않았다. 따라서 정전체제 하에서 존재하는 NLL은 쌍방 간에 '묵시적 합의'가 이루어져 정전협정 자체와 동일한 효력을 갖는 관습법으로 성립되었다고 본다.

'필수적 사후조치설'에 의하면, NLL은 「정전협정」 제2조 13항과 15항을 이행하기 위한 필수적인 사후조치로 설정·시행되었기 때문에 법적 효력을 갖는다. NLL은 비록 「정전협정」에 합의된 선이 아니지만, 정전협정을 이행하는 과정에서 쌍방 간의 무력충돌 방지와 정전체제의 안정적 관리를 위해 불가피하게 설정된 선으로서 정전협정의 근본취지와 제 원칙에 부합한다는 견해다.

'정전체제 하의 방위수역설 또는 작전수역설'은 정전체제 하에서 쌍방 군사력을 분리시키기 위해 설치된 NLL 수역은 '방위수역' 또는 '작전수역'의 지위를 갖는다는 것이다. 따라서 평화협정을 통한 명시적인 경계선이 획정되기 전까지는 유효한 해상경계선으로 간주되어야 한다는 견해다.

이외 상기의 주장들과는 다른 견해로 ① NLL을 '잠정적인 해상경계선'으로 보는 견해 ② NLL의 법적 지위를 인정하기 어렵다는 견해 ③ NLL이 봉쇄선이라는 주장 ④ NLL에 대해 '실효성의 원칙'과 '응고의 효력'을 적용하기 어렵다는 주장 등이 존재한다.

먼저 NLL을 '잠정적인 해상경계선'으로 보는 견해를 살펴보자. 이에 의하면, 북한 선박의 NLL 월선은 「남북기본합의서」의 불가침경계선을 위반하는 것이지만, 국제법상 한국 영해에 대한 침해는 아니다. NLL은 확정된 것이 아니라 앞으로 계속 협의해야 할 '잠정적' 성격을 가진 경계선으로서 확정될 때까지는 남북한이 모두 준수해야 한다. 따라서 서해 해상경계선 문제는 「남북기본합의서」 상의 문제로 남북 간에 협의해야 하며, 이를 정전협정체제 상의 문제로 처리하는 것은 법적으로 맞지 않다고 본다. 이 견해에 대해 「남북기본합의서」나 「불가침부속합의서」에서 해상 불가침경계선이 합의되지 않았기 때문에 NLL을 「남북기본합의서」의 불가침경계선으로 간주하는 것은 잘못이라는 반론도 있다.

두 번째로 NLL의 법적 지위를 인정하기 어렵다는 견해에 의하면, NLL은 「정전협정」 당사자 간의 합의에 의해 성립되지 않았고, 유엔사가 자기 제한적이고 일방적인 조치로 설정한 것이기 때문에 정전협정의 내용이 될 수 없다. 또 NLL을 유엔사 측이 북한에 공식 통보하거나 북한이 이를 승인한 사실이 없기 때문에 국제법적 구속력도 없다는 주장이다.

그러나 유엔군사령관이 상호 적대행위를 중지하기로 한

약속을 이행하기 위해 양측 군사력을 분리시키는 군사분계선을 설정한 「정전협정」의 기본취지와 정신에 따라 NLL을 설정했음을 간과해서는 안 된다. 특히 정전 당시 압록강 하구에서 서해 5도 해역에 이르기까지 북한의 해상 군사역량이 존재하지 않았던 사실로 볼 때, 유엔군사령관의 자기 제한적이고 일방적인 조치는 정전협정의 정신에 부합하는 것이다.

그리고 유엔사 측은 통고사실을 명시적으로 시인하지 않고 있는데, 통고사실이 존재하지 않더라도 '추후 관행(subsequent practice)'에 의해 그 결함이 치유될 수 있다. 북한은 1959년도 공식발간물인 「조선중앙년감」에 NLL을 군사분계선으로 명시했는데, 이는 NLL을 인지·인정하고 있었음을 반증하는 것으로 NLL에 대한 '추후 관행'이 형성되었다고 볼 수 있다. 결국 NLL의 선포가 국제법상 의무적인 통고의 대상인가 여부는 확실하지 않으며, 설사 통고사실이 존재하지 않더라도 '추후 관행'이 형성되었으므로 국제법상 결함은 치유되었다고 할 수 있다.

세 번째로 NLL이 유엔군의 일방적인 전시 봉쇄선이었던 클라크 라인(Clark Line)을 대체시켜 설정한 것이라는 주장이 있다. 이 주장에 의하면, 클라크 라인의 대체적인 기능을 갖고 있는 NLL은 「정전협정」 제2조 15항의 봉쇄금지 조항의 정신에 위배된다고 본다.

그러나 NLL의 전신이 클라크 라인이라는 주장은 사실과 다르다. 유엔군사령관이 6.25전쟁 당시 1952년 9월 27일 선포했다가 정전 이후인 1953년 8월 27일 철폐한 클라크 라인은 오로지 전시에 한반도 연안의 경비, 적의 침입과 금수품 도입을 예방하기 위해 설정한 해상 봉쇄선이었다. 이 클라크 라인은 NLL 설정에 대한 법적인 존재 근거가 아니며 그렇게 주장한 적도 없다. NLL은 유엔군 측 함정의 해상 초계 활동에 대한 북방한계를 설정한 해상경계선이지, 전시 해상 봉쇄선이 아니다. 따라서 NLL이 봉쇄를 금지하는 「정전협정」 15항의 정신에 위배되므로 불법이라는 주장은 사실무근이다. 전시 해상봉쇄선의 경우, 이를 침범하는 적국과 중립국 선박을 나포해 몰수할 수 있지만, NLL을 넘어 해주항에 드나드는 제3국 선박에 대해서는 어떠한 제한이나 제재도 가하지 않고 있다. 또 해주만에서 장산곶에 이르는 NLL 이북의 북한 관할 해역은 외해와 연결되어 있으므로 봉쇄되어 있지도 않다.

네 번째, NLL이 국제관습법인 '실효성의 원칙'과 '응고의 효력'으로 확정되었다는 주장은 비논리적이라는 반대 견해가 있다. 국제법상 국제관습법으로 성립하기 위해서는 국가들 간에 지속적이고 획일적인 일반관행이 존재하고, 국가들이 이 일반관행을 법적 구속력이 있는 것으로 수락한다는 법적 확신이 존재해야 하는 요건이 필요하다는 측면에서 볼 때, NLL이 국제관습법으로 확립되었다고 단언하기 어렵다는 주장이다. 그리고 국제관습법의 원칙에 의한 점유는 폭력이나 은비(隱秘)에 의하지 않는 것이어야 하는데, 그동안 북한 해군 함정이 빈번하게 NLL을 넘어왔고, 한국 해군이 무력으로 북한 함정의 NLL 월선을 저지해온 사례들은 '실효성과 응고의 원칙'을 적용하기 어렵다고 본다.

그러나 '폭력이나 은비에 의하지 않아야 한다'는 국제관습법적 원칙을 NLL에 적용하는 것은 문제가 있다. 먼저 '폭력을 사용하지 않는 평화적인 점유'는 응고의 이론에서 필수적인 요건이 아니며, 국가 간에 사활적인 이익이 걸려있는 영역 분쟁에 있어서 '평화적인 점유'를 요구하는 것은 지나치게 이상적인 주장이며 국제실행에도 맞지 않는다. 또 국가의 관할 영역인 NLL을 수호하기 위한 무력행사는 국가의 주권적 권리인 자위권 행사에 해당하며, 이는 국제법상 적법한 무력사용에 해당된다. 그리고 '은비에 의하지 않아야 한다'는 주장과 관련해, NLL을 설정할 당시 군사비밀로 관리된 것을 문제 삼는 것은 국가안보와 관련된 기밀을 은비하고 있는 국가적 관행을 무시하는 것이다. 설사 NLL 설정에 대해 은비했다 하더라도 북한이 NLL의 존재를 인지하고 인정해왔다는 수많은 사실들은 결과적으로 '은비의 과실'을 상쇄한다고 할 수 있다.

또 북한 해군함정의 빈번한 NLL 침범사례가 실효성과 응고를 저지한다는 주장은 '침범행위'와 '국가적 의사표시'를 혼동하는 것이다. 타국 영역에 대한 무력도발에 대해 법적 효력을 발생시키는 국가적 의사표시로 간주하는 것은 국제사회에서 불법 침공행위를 인정하는 것과 같다. 따라서 북한 해군함정의 NLL 침범사례를 NLL을 인정하지 않는다는 국가적 의사표시로 간주할 수 없으며, 북한이 최초로 그러한 의사표시를 한 것은 1973년 서해사태 직후 개최된 제346차 군사정전위 본회의에서 이루어졌다고 볼 수 있다.

2차 정상회담 전후 NLL에 대한 영토선 논쟁

노무현 정부는 서해 NLL 해상에서의 무력충돌을 방지하기 위해 공동어로구역과 서해평화협력특별지대의 설치를 추구했다. 당시 참여정부는 NLL이 법적으로 논란의 소지가 있는 만큼 우리 내부의 공론화된 논의가 필요하고, 평화적 관리를 위해 북한과의 협상에 전향적으로 움직일 필요가 있다는 인식을 가지고 있었다. 이러한 인식 하에 2차 정상회담을 추진하던 과정에서 우리 내부의 진보 측과 보수 측 간에 NLL에 대한 영토선 논쟁이 치열하게 전개되었다.

2007년 8월 4일 남북이 제2차 남북정상회담을 개최하기로 합의함에 따라 청와대는 서해평화협력특별지대 구상에 대한 검토에 들어갔다. 그런데 8월 10일 이재정 통일부장관은 국회에서 "서해 NLL은 영토의 개념이 아니라 군사적 충돌을 막는 안보적 개념에서 설정된 것"이라고 주장했고, 8월 18일 청와대 정상회담 준비회의에서도 "NLL은 법적으로 문제가 있고, 1992년 「남북기본합의서」에서도 이 문제를 계속 논의한다고 한 바 있으므로 정상회담 문제와 관련 없이 우리 내부에서는 계속 논의해야 한다"고 주장했다. 또 서주석 안보수석도 "NLL은 유엔군사령관이 일방적으로 선포한 경계선이기 때문에 법적으로 문제가 있으므로 우리 내부에서 공론화가 필요하다. '대한민국의 영토는 한반도와 부속도서로 한다'고 되어 있는 우리나라 헌법 제3조에 따르면 육지에 인접한 NLL 남북의 수역은 모두 대한민국의 영토이므로 이 선이 영해선을 의미한다고 하면 위헌적 주장이 된다"고 주장했다.

NLL에 대한 논란은 2차 정상회담 이후에도 계속되었다. 노무현 대통령은 2007년 10월 11일 정당 대표들에게 정상회담 결과를 설명하는 자리에서 "서해 NLL은 어릴 적 땅 따먹기 할 때 그어놓은 선이다. 그 선이 처음에는 우리 군대의 작전금지선이었다. 이것을 오늘에 와서 영토라고 얘기하는 사람이 많은데 남북 간에 합의한 분계선이 아니라는 점을 인정해야 한다. 우리 헌법상 북쪽 땅도 우리 영토다. 그 영토 안에 줄을 그어놓고 이걸 '영토선'이라고 주장하고 영토주권을 자꾸 얘기하면 정말 헷갈린다. 이렇게 국민을 오도하면 풀 수 없는 문제다"라고 언급했다. 참여정부의 고위 인사들과 노 대통령의 NLL에 대한 발언은 영토선 논쟁을 촉발시켰다.

서울대 백낙청 명예교수는 한 세미나에서 "NLL은 영토선이 아니다'라는 명제가 엄연한 사실이라는 점을 인정해야 한다. 헌법과 국제법에 의해 인정된 영토선이 아니고 휴전협정에 의해 북측도 동의한 군사분계선도 아니다. 그럼에도 불구하고 현재 남쪽이 관할하는 영역을 규정하는 선인 것은 분명하다"고 밝혔다.

헌법학자인 장영수 교수도 "엄밀하게 말하면 NLL은 영토선이 아니다. 영토를 경계 짓는 선이란 국가와 국가 사이의 국경선이다. 남북한 관계는 그런 것이 아니므로 NLL이든 휴전선이든 국경선이 될 수 없다. 이를 국경으로 보는 것은 헌법 제3조에도 위배된다. 한반도의 경계인 압록강과 두만강이 대한민국 영토의 한계, 즉 국경선이기 때문이다. 그러나 지난 50여 년 동안 국경선 아닌 휴전선이 남북을 갈라놓았듯 NLL 또한 남과 북의 해상경계선으로서 역할을 해왔다. 50년 이상 유지되어 왔고, 이를 위해 많은 장병들의 피와 땀이 서려 있는 NLL의 의미를 가볍게 여길 수 없는 것이다"라고 말했다.

국제해양법재판소 재판관인 박춘호 교수는 "NLL은 영토 개념도 안보개념도 아닌 정전체제의 일부다. 1953년 일방적으로 설정되긴 했지만, 북한은 1973년 군사정전위원회 이전까지 아무런 도발이나 지적도 하지 않았다. '묵종(默從)' 상태에 있었다고 봐야 한다. 그 상태가 굳어져 해상경계선으로 법적 인정을 받을 수 있는 상황이 됐다"는 견해를 피력했다.

김찬규 교수는 "휴전협정에 근거가 없고, 1953년 8월 유엔사 측에 의해 일방적으로 NLL이 설정되었다는 것은 사실이다. 그러나 해상 군사분계선으로 설정한 목적이 정당했고, 대략적인 중간선이기에 설치방법이 합리적이었다. 북한이 공식적으로 이의를 제기한 게 1973년 12월이었으므로 20년 동안 북한의 묵종이 있었다. 북한의 무력행사가 없었던 것은 아니지만, 이는 이의 제기로 인정할 수 없다. 왜냐하면 휴전협정상 공식적 의사표시는 군사정전위원회를 통해서만 가능하기 때문이다. 20년에 걸친 북한의 묵종으로 NLL은 휴전체제의 일부, 다시 말해 서해 해상 군사분계선으로 굳어졌다. 그후 일어난 북한의 도발은 휴전협정 위반이 될 뿐이다. NLL은 영토개념을 가진 것이며 한반도 휴전체제의 불가분의 일부다"라고 주장했다.

1990년대 남북고위급회담 군사분과위 위원장을 역임한 박

용옥 전 국방부차관은 "1953년 이후 수십 년간 북한이 NLL 을 해상경계선으로 인정하는 태도를 취해 왔고, 1999년과 2002년 두 차례의 교전까지 벌어지면서 영토의 성격이 더욱 강해졌다. NLL은 1953년 「정전협정」 당시의 군사 상황과 협정 내용을 고려해 합리적으로 그은 해상 군사분계선이며, 1992년 「남북기본합의서」와 「불가침부속합의서」에서 남북이 인정한 각각의 관할구역을 구분하는 선이기도 하다"는 입장을 피력했다.

이러한 NLL의 성격 논쟁에 대해 중앙대 제성호 교수는 "헌법이나 국제법상 '영토선'이라는 개념은 확립된 개념이 아니다. 그러한 의미를 담은 전문적·기술적인 용어로 통상 '국경선(boundary, border line)'이라는 말이 사용되고 있다. 굳이 영토선이라는 말을 사용할 경우, 그것은 '영토관할권의 한계선'을 가리키는 것이라고 할 수 있다. 이러한 개념의 영토선 내지 '영토관할권의 한계선'은 국가 간의 영토적(관할권) 한계를 지칭하는 국경선을 의미하거나 분단국 내부의 두 분단체제 간에 존재하는 실질적인 영토관할권의 경계선 혹은 분계선을 가리키는 것이다. NLL은 군사분계선과 함께 후자의 의미에서 영토선이라고 할 수 있다. 헌법 제3조의 영토가 대한민국의 '본래적·당위적인 영토 개념(최종 지향목표로서의 '완성된 영토' 혹은 '대영토' 개념)'이라고 한다면, 군사분계선과 NLL은 분단국 내부에서 존재하는 현재의 '실질적 관할 영토 개념(분단 상황에서의 '잠정적·실제상의 영토' 내지 '소영토' 개념)'이라고 할 수 있을 것이다"라고 정리했다.

2차 정상회담에서의 NLL 발언 논쟁

2007년 10월 3일 제2차 남북정상회담에서 노 대통령이 표출한 NLL에 대한 부정적 인식과 파격적 발언은 엄청난 국내정치적 파장을 불러 일으켰다. 당시 '서해평화협력특별지대' 구상을 설득하는 과정에서 나온 노 대통령의 'NLL이 문제가 있다'는 발언과 '남측의 북방한계선과 북측의 군사경계선 사이에 평화수역과 공동어로구역을 설정하자'는 김정일 국방위원장의 언급에 동의하는 발언이 일파만파의 정치적 논쟁을 유발시킨 화근이 된 것이다.[6]

오전회담 중에 먼저 김정일 국방위원장이 "부시 대통령이 종전선언 문제를 언급했다고 하는데, 조선전쟁에 관련이 있는 3자나 4자가 전쟁이 끝나는 것을 공동으로 선포한다면 평화문제를 논의할 수 있는 기초가 마련될 수 있다. 그 다음 그런 조건이 될 때 정전협정을 평화협정으로 완전히 바꾸는 게 어떻겠는가? 모처럼 마련된 수뇌회담에서 적대관계를 완전히 종식시키는 데 대한 공동의 의지를 보여주기 위해 서해

군사경계선 문제, … 북측이 주장하는 군사경계선, 남측이 주장하는 NLL 사이에 있는 수역을 공동어로구역이나 평화수역으로 설정하면 어떻겠는가? 북측 군대는 지금까지 주장해온 군사경계선에서 남측의 NLL까지 물러선 조건에서 공동어로구역과 평화수역으로 한다. 이번 국방장관회담 때 내가 인민무력부장에게 이 문제를 연구하고 토론하고 성사시켜 보라(고 지시했다). 경계선 문제는 앞으로 법적으로 해결해야 한다. 쌍방이 앞으로 (해상경계선 문제를) 해결한다는 전제하에 NLL과 북측 군사경계선 안에 있는 수역을 평화수역으로 선포하고 공동어로(구역으로) 한다. 앞으로 군사당국자회담에서 '서해 군사경계선 문제를 비롯해 북남경제협력을 군사적으로 어떻게 보호하겠는가' 문제를 토론할 수 있다"고 언급했다.

이에 대해 노무현 대통령은 "서해 군사분계선, 문제 있습니다. 우리 남측 군인들(을 군사회담에) 내보내놨더니요. NLL 문제(를) 의제로 넣어라. 넣어서 타협해야 될 것 아니냐? 그것이 국제법적인 근거도 없고 논리적 근거도 분명치 않은 것인데… 그런데 현실로서 강력한 힘을 가지고 있습니다. 북측 인민으로서도 자존심이 걸린 것이고, 남측에서는 영토라고 주장하는 사람들이 있다. 이 혼동을 풀어야 되는 것인데, 군사회담에 넣어 놓으니까 싸움질만 하고요. 자기들 안보만 생각

했지, 풀자는 의지가 부족하고… 아무리 설명을 해도 자꾸 딴소리를 하는 겁니다. 그거 안 됩니다. 위원장께서 제기하신 서해 공동어로 평화의 바다, 그거 남쪽에다 그냥 확 해서 해결해버리면 좋겠는데… 이걸 풀어나가는 데 좀 더 현명한 방법이 있지 않겠느냐? 말하자면 NLL 가지고 이걸 바꾼다 어쩐다가 아니고… 그건 옛날 기본합의의 연장선상에서 앞으로 협의해 나가기로 하고, 어떤 공동의 번영을 위한 바다이용계획을 세움으로써 민감한 문제들을 미래지향적으로 풀어나갈 수 있지 않겠느냐? 그런 큰 틀의 뭔가(를) 우리가 지혜를 한번 발휘하는 것이 필요하다… 위원장이 지금 구상하신 공동어로수역, 군사가 서로 철수하고 공동어로하고 평화수역(으로 하는) 말씀에 대해 똑같은 생각을 가지고 있거든요. 단지 NLL 말만 나오면 전부 다 벌떼처럼 들고 일어나는 것 때문에 문제가 되는 것인데, 위원장하고 나하고 이 문제를 깊이 논의해 볼 가치가 있는 게 아니냐?"라고 호응했다.

오전회담을 마칠 무렵, 노 대통령이 오후회담을 열어 서해문제에 대해 깊이 있게 논의하자고 요구하자, 김정일이 "남측의 서해문제에 대한 실질적인 요구는 무엇입니까?"하고 물었다. 이에 노 대통령은 "나는 우발적 충돌의 위험이 남아있는 마지막 지역이기 때문에 거기에 뭔가 문제를 풀어야 된다고 생각합니다. 그런데 NLL이라는 것이 이상하게 생겨 가지고,

무슨 괴물처럼 함부로 못 건드리는 물건이 돼 있거든요. 그래서 거기에 서해평화지대를 만들어 공동어로도 하고, 한강 하구에 공동개발도 하고, 나아가 인천, 해주 전체를 엮어 공동경제구역도 만들어서 통항도 마음대로 하게 하고, 말하자면 그림을 새로 그려야 하거든요. 여기는 자유통항구역이고 공동어로구역이고… 그러면 거기에는 군대를 못 들어가게 하고, 양측 경찰이 관리를 하는 평화지대를 만드는 그런 개념들을 설정하는 것이 시급한 문제지요"라고 언급했다.

오후회담에서 노 대통령은 "NLL 문제가 남북문제에 있어서 제일 큰 문제로 생각하고 있습니다. 서해에서 1차적으로 상호 교신하고 알려주고 했는데, 이행은 잘 안 되고 있지만… 문제는 북측에서 NLL이란 본질적인 문제를 장성급회담에 들고 나온 것입니다. 다시 말해 (내가) '의제로 다뤄라' 단호하게 지시를 했는데 반대를 합니다. 이 문제에 대해 나는 위원장하고 인식을 같이 하고 있습니다. NLL은 바꿔야 합니다. 그러나 이게 현실적으로 자세한 내용도 모르는 사람들이 민감하게, 시끄럽긴 되게 시끄러워요. 그래서 우리가 제안하고 싶은 것이 안보·군사지도 위에 평화·경제지도를 크게 덮어 그려보자는 것입니다. '서해평화협력지대'라는 큰 그림을 그려놓고 어로협력(을) 공동으로 하고, 한강하구(를) 공동개발하고… 특히 지역이 개발되면 해주를 비켜서라도 개성공단 연장선상에(서) 계획이 서고, 그 길을 위한 통로를 만들고, 전체를 평화체제로 만들어 쌍방의 경찰들만이 관리하자는 겁니다. 그러면 서쪽은 공동어로구역을 만든다, 오른쪽에는 비무장지대에 평화생태공원이라든가 이런 것을 통해서 중무기 있는 부분들이라도 우선 철수하고 점차적으로 GP도 철수하고, 그렇게 해서 자연자원도 보호하면서 남북이 협력하는 것이 큰 수입이 생기는 것이 아니냐? 참, 해주는 원체 완강하게 말씀하셔서 어렵습니다만."이라고 언급했다.

이에 김정일은 1999년도에 정몽헌 선생이 해주항만 이용권을 달라고 제기했던 사실을 언급하면서 "점심식사하고 군 장성들 좀 오라. 와서 '해주 그때 1999년도 그 결심을 되살릴 때면 어떤 문제가 있겠냐?' 하니까, 답이 '문제 없겠습니다' '그러면 노 대통령하고 만나는데 항을 당장 개방하는 것(을) 내가 결심하라는가?' '그건 문제 없겠습니다' 군에서 그렇게 나오고… 그때(1999년) 해주항을 해상으로서 물동량을 개성에다 지원하겠다고 합의를 보자고 하는데, 정몽헌 선생이 2000년도 6월에 와서는 '그렇게 선심 쓸 바엔 해주 근방에 뭘 좀 줘야지, 그저 김만 쐬서 뭘 하겠는가' 떼를 쓰더구먼요. '그러면 개성을 확고히 하는 조건이면 해주항을 주겠다. 해주 옆의 강령군 땅. 앞으로 개성이 잘 되면 공업단지 해보라' 그렇게 말한 적이 있습니다. 그런데 조건이 하나 있는 거는, 군부에서 내가 '결심 하겠다' 하니까 '결심하시는 그 근저에는 담보가 하나 있어야 한다' '뭐야?' 그러니까 '이승만 대통령 시대 북방한계선 있지 않습니까?'… 정전협정을 평화협정으로 하는 첫 기초단계로서 서해를 남측에서 구상하는, 또 우리가 동조하는 경우에는 제1차적으로 서해 북방(한계선과) 군사분계선을 쌍방이 다 포기하는 법률적인 이런 것 하면 해상에서 군대는 다 철수하고, 그 다음에 경찰이 하자고 하는… 그것을 해야 합니다"라고 언급했다.

이에 노 대통령은 "그것이 기존의 모든 경계선이라든지 질서를 우선하는 것으로 그렇게 한 번 정리할 수 있지 않은가?"라고 응답했다. 이어 김정일이 "지금 서해 문제가 복잡하게 제기되어 있는 이상 양측이 용단을 내려서 그 옛날 선들(을) 다 포기한다. 서해와 해주까지 포함된 평화지대를 선포한다. 이건 어디까지나 우리 구상이고, 이걸 관계부처들에서 연구하고 협상하기로 한다"고 말했다. 노 대통령은 "서해평화협력지대를 설치하기로 하고, 그것을 가지고 평화문제와 공동번영의 문제를 일거에 해결하기로 합의하고 거기 필요한 실무협의를 계속해 나가면 내 임기 동안에 NLL 문제는 다 치유가 됩니다. NLL보다 더 강력한 것입니다"라고 언급했다. 그러자 김정일은 "이걸로 결정된 게 아니라 구상이라서 가까운 시일 내 협의하기로 한다. 그러면 남쪽 사람들은 좋아

할 것 같습니까?"하고 물었다. 노 대통령은 "그런 평화협력지대가 만들어지면 다 좋아할 것입니다. 또 시끄러우면 우리가 설명해서 평화문제와 경제문제를 일거에 해결하는 포괄적 해결방식인데 얼마나 좋은 것입니까? 나는 자신감을 갖습니다. 얼마든지 내가 맞서 나갈 수 있습니다. 내가 가장 핵심적으로 가장 큰 목표로 삼았던 문제를 위원장께서 지금 승인해주신 거죠?"라고 하자, 김정일이 "평화협력지대로 하는 건 반대 없습니다"라고 동의했다.

결국 이러한 협의과정을 거쳐 합의한 결과를 「10·4 선언」에 담았다. 「10·4 선언」제5조에 서해평화협력지대를 설치하고 공동어로구역과 평화수역을 설정하기로 하고, 제3조에 남북국방장관회담을 개최하여 남북공동어로수역과 평화수역을 설정하는 방안을 협의토록 합의한 것이다.

NLL의 의미와 가치

NLL의 군사·전략적 의미와 가치

군사전략적으로 NLL은 대한민국의 사활적인 요충지이다.
북한의 군사위협을 억제·차단하고 있는 서해 NLL은 백령도,
대청도, 소청도와 연평도, 우도 등 대한민국 영토와 관할해역
에 대한 방어선, 서해 5도 주민들의 생존권을 보장하는 생명
선이자 수도권에 대한 안전보장선이다. 만약 NLL이 무력화
된다면 북한군에 의해 서해 5도와 관할 해역이 해상봉쇄나
점령을 당할 위험뿐만 아니라 수도권 서측방이 포위·봉쇄될
수 있는 위험에 처하게 될 것이다. 따라서 대한민국은 북한

군의 무력도발과 침공을 억제·차단하기 위해 NLL을 피로써 사수하고 있다.

북한에게 있어 NLL은 북한 해군전력들의 행동반경을 황해도 연안으로 제한하고 있지만, NLL과 서해 5도의 지리적 위치가 북한군의 해안포, 장사정포, 지대함미사일 사정거리 내에 위치하고 있어 북한 함정들이 기습적으로 침범하거나 무력도발을 감행하는 데 유리하다. 반면 우리 군은 북한군의 기습적인 무력도발에 대해 지·해·공 전력을 통합 운용해 즉각적이고 효과적으로 대응하는 데 한계가 있다. 따라서 북한군은 지리적 이점과 우세한 전력을 이용해 NLL을 무력화시키려는 책동을 지속하고 있는 것이다.

NLL의 정치·외교적 의미와 가치

대한민국은 대내외적으로 "NLL은 남북 간의 실질적인 해상경계선이며, 새로운 해상 불가침경계선이 협의·확정되기 전까지는 반드시 존중·준수해야 한다"는 입장을 견지해왔다. 그런데 북한의 끊임없는 NLL 무력도발과 NLL을 수호하려는 우리 장병들의 희생을 지켜보면서 우리 국민들은 NLL을 '반드시 지켜야 할 영토선'으로 인식하게 되었다. 그러면서 한편으로 NLL의 법적 정당성과 실효성, 그리고 영토선 개념,

나아가 노 대통령의 NLL에 대한 부정적 인식과 부적절한 언급 등으로 인해 NLL은 지속적으로 국내 정치적 논쟁을 유발하는 뜨거운 감자처럼 비춰지기도 했다.

북한에게 NLL은 정치·외교 전략상 대내외적으로 매우 유용하게 활용되고 있는 존재다. 첫째, 대내정치 차원에서 북한은 NLL 일대에서 무력도발을 통해 군사적 긴장과 위기를 조성함으로써 체제결속과 주민통제를 강화하는 명분으로 활용해왔다. 둘째, 대남전략 차원에서 북한은 남한 내부의 갈등과 분열을 조장하고, 남한 정부의 대북정책을 전환시켜 자신이 원하는 남북관계로 끌고 가기 위해 NLL 도발을 활용해왔다. 셋째, 대미전략 차원에서 북한은 미·북 평화협정 체결의 명분으로 활용하기 위해 NLL 도발을 활용해왔다. 북한은 유엔군사령관이 일방적으로 설정한 NLL 때문에 서해에서 군사적 긴장과 충돌이 발생하고 있다는 논리를 전개하면서 이러한 정전체제의 불안정성을 근본적으로 해결하기 위해서는 현 「정전협정」을 미·북 평화협정으로 전환해야 한다고 주장해온 것이다.

NLL의 경제·사회적 의미와 가치

대한민국에게 NLL은 서해 5도 어민들의 꽃게잡이 어로활동 등 배타적 경제수역에서의 경제활동을 보장하고, 도서지역에 거주하는 주민들의 생존권과 선박들의 자유로운 통항을 지켜주는 보호막이다. 또 대한민국의 관문 인천국제공항과 인천항을 드나드는 민간 항공기와 선박들이 운항하는 서북 해역과 공역의 안전을 제공하고 있다. 만약 북한이 주장하는 서해 해상 군사분계선이 현실화될 경우, 약 8,000km^2 넓이의 배타적 경제수역이 상실되고, 인천공항과 인천항으로 연결되는 항로를 남쪽 밑으로 재설정해야 하는 등 심각한 문제가 발생할 것이다.

북한에게 NLL은 어로활동과 선박통항 등 경제적으로 매우 불리한 존재다. 꽃게잡이 계절마다 북한 어선들과 함정들이 NLL을 침범하는 행위는 어장 확장의 의도가 담겨 있다. 한편 그동안 북한은 남북회담에서 북한 민간선박들이 NLL을 돌아서 운항하는 불편과 장거리 운항으로 인해 소요되는 시간과 유류 등 경제적 손실이 크다고 하면서 NLL을 직접 통과해 해주항에 드나드는 직항로를 개설해달라고 호소해왔다.

NLL에 대한 우리의 자세

북한은 '협상'과 '무력도발'이라는 화전양면 전략으로 NLL 의 무력화를 기도해오고 있다. 이러한 북한의 불순한 저의와 책동을 분쇄하려면 NLL에 대한 정확한 이해와 올바른 인식 으로 대처해야 한다. NLL은 국제법적인 정당성과 실효성을 확립하고 있을 뿐만 아니라 우리의 힘과 의지로 지켜왔고, 앞 으로도 지켜나가야 할 해상경계선이라는 점을 분명히 이해 해야 한다.

NLL의 법적 정당성과 실효성

첫째, 1953년 8월 30일 유엔군사령관이 설정한 NLL은 한반도 정전체제라는 특수한 사정이 적용되는 해상경계선이다. 유엔군사령관은 적대행위와 무장행동을 정지시키는 「정전협정」의 정신을 구현하고, 서해 5도에 대한 군사통제권 행사와 상대방에 대한 봉쇄 금지 등 「정전협정」의 안정적 관리를 위해 NLL을 설정했다. 정전체제 하에서 존재하는 NLL은 남북한 군사력을 분리시켜 군사적 긴장과 충돌을 예방하는 실질적인 해상경계선이다.

둘째, NLL은 당시 국제적 관행이던 3해리 영해를 반영하고, 서해 5도와 북한 지역 사이 중간선을 기준으로 설정되어 국제법적 정당성을 확보하고 있으며, 국제관습법의 '실효지배 원칙, 묵인의 원칙, 응고의 원칙'에 따라 그 법적 실효성을 확립하고 있다. 북한은 NLL이 설정된 이후 20년 동안 어떤 이의도 제기하지 않고 인정·준수했으며, 1973년부터 수사적 부정에도 불구하고 실질적으로는 묵인·준수해왔다. 대한민국은 서해 5도의 영유권을 행사하고 있으며 NLL 이남 수역을 실효적으로 관할하고 있다.

셋째, 남과 북은 1992년 「남북기본합의서」와 「불가침부속합의서」를 채택할 때 NLL을 인정·준수하기로 합의했다. 당시 쌍방의 해상 불가침구역에 대해 '지금까지 관할해 온 구역'이라고 한 것은 어떤 기준선, 즉 NLL의 존재를 전제로 합의한 것이다.

이와 같이 한반도 정전체제라는 특수한 안보상황에서 존재하는 NLL은 「정전협정」의 목적과 정신에 부합되고, 국제법적 정당성과 실효성을 확립하고 있다. 또한 「남북기본합의서」에서도 새로운 해상 불가침경계선이 확정될 때까지 NLL을 기준으로 한 관할구역을 존중·준수하기로 합의했다. NLL은 정전상태에 있는 남북 간의 실질적인 해상경계선으로서의 법적 지위를 확립하고 있는 것이다.

앞으로도 지켜야 할 NLL

NLL은 1953년 설정된 이래 오늘날까지 지상의 군사분계선과 같이 해상의 남북간 해군력을 분리시켜 군사적 긴장을 완화하고 무력충돌을 예방하는 해상경계선의 역할을 해왔다. 우리 군은 평시 감시·초계작전 활동과 각종 해상훈련을 통해 NLL 이남 해역을 군사적으로 통제해왔고, NLL을 침범하는 북한 선박과 함정들을 퇴각시켜 왔다. 북한의 반복적인 무력도발로 발생한 남북교전마다 우리군은 피를 흘려가며 NLL을 사수해왔다.

반세기 이상 지속되어 온 한반도 정전체제 하에서 NLL은 힘으로 지켜야 할 안보개념과 영토개념이 함께 반영되어 해상경계선으로 굳어졌다. 즉, NLL은 서해 5도 주민의 생존권을 보장하는 생명선, 서북해역과 수도권 서측방의 방어선, 인천공항과 인천항의 안전보장선, 한국방공식별구역·비행정보구역·작전구역의 군사적 기준선이 된 것이다. 그리고 대한민국이 실효적으로 관할해온 사실과 북한의 묵인·준수 사례와 함께 북한군의 무력도발에 대해 우리 군의 희생으로 사수해온 NLL은 절대 사수해야 할 영토선의 개념으로 고착된 것이다.

앞으로 새로운 해상경계선 문제는 한반도 정전체제가 항구적인 평화체제로 전환하는 단계에서 검토할 수 있을 것이다. NLL이 정전체제 하에서 출현해 존재해 온 현실을 고려할 때, 남북 간에 군사적 긴장완화와 신뢰구축이 충분히 조성되어 실질적인 평화상태가 정착되는 단계에서 정전체제의 평화체제로의 전환 문제와 더불어 해상경계선 문제를 협의·해결할 수 있기 때문이다. NLL은 한반도 평화체제가 진전되어 남북 간에 새로운 해상경계선 문제를 해결할 때까지 반드시 존중·준수되어야 한다.

주

1) 동해의 'NBL'과 서해의 'NLL'이란 명칭은 1996년 7월 1일 개정된 「유엔사/연합사 규정 524-4(정전 시 교전규칙)」에서 모두 'NLL'로 통일되었다.

2) 휴전회담 당시, 미국 합참은 유엔군사령관에게 "한국과 한국내의 군사문제에 엄격히 국한되어야 하며 어떠한 정치적 문제나 영토적 문제에 관련되어서는 안 된다"는 협상지침을 하달했다. 국방부 군사편찬연구소, 『6.25전쟁사 9: 휴전회담 개막과 고지쟁탈전』, 2012, pp.113~115. 또한 그로미코 소련 외교부장관도 "군사행동 중지에 관한 잠정적인 군사협정은 특별한 절차를 통해서 해결되어야 하는 정치 문제나 영토 문제를 포함시켜서는 안 될 것"이라는 입장을 표명했다.

3) 통일원, 『남북기본합의서 해설』, 1992, pp.60~61.

4) '평화협정' 또는 '평화조약'이란 전쟁상태의 종결, 평화의 회복, 평화복구 당사국들 간의 법적 관계를 규정한 정치적 성격의 합의를 말한다. 이러한 평화협정의 체결을 통해 전쟁을 법적으로 완전 종결시킴으로써 교전 쌍방 간의 적대 대결적 관계를 정상적 평화 관계로 전환하게 된다. 평화협정에는 전범처리, 전쟁피해 보상, 전쟁포로 교환, 전쟁 재발방지조치 등이 포함된다. 이상철, 『한반도 정전체제』, 한국국방연구원, 2012, p.179.

5) 유엔사 측은 상대방 군사령관이 군사통제하고 있는 육지 또는 도서로부터 3해리 연해 또는 인접수역에 침입하는 것은 「정전협정」 제15항에 대한 위반행위로 규정하고 있다.

6) 2007년 10월 3일 오전과 오후 두 차례에 걸친 노무현 대통령과 김정일 국방위원장 간의 대화 내용을 기록한 대화록 전문은 2013년 6월 24일 대외 공개되었다.

참고문헌

국방부, 『북방한계선(NLL)에 관한 우리의 입장』, 2007.

국방부 전사편찬위원회, 『한국전쟁 휴전사』, 1989.

김동욱, 『한반도 안보와 국제법』, 한국학술정보(주), 2009.

대한민국 정부, 『천안함 피격사건 백서』, 2011.

이문항, 『JSA-판문점(1953~1987)』, 소화, 2001.

이상철, 『NLL 북방한계선: 기원 · 위기 · 사수』, 선인, 2012.

이상철, 『한반도 정전체제』, 한국국방연구원, 2012.

정하늘, 「한반도 해역의 법적 지위와 해상작전법」, 해양전략연구소, 2010.

제성호, 『한반도 안보와 국제법』, 한국국방연구원, 2010.

조성훈, 『군사분계선과 남북한 갈등』, 국방부 군사편찬연구소, 2011.

통일원, 『남북기본합의서 해설』, 1992.

합참정보본부, 『군사정전위원회편람』, 1986, 1999, 2001.

해군본부, 『작전경과보고서』, 제13권, 2002.

해군본부, 『NLL, 우리가 피로서 지켜온 해상경계선: 북한의 NLL 해역 도발사』, 2011.

NLL을 말하다

펴낸날	초판 1쇄 2013년 11월 30일
	초판 2쇄 2014년 1월 24일

지은이	이상철
펴낸이	심만수
펴낸곳	(주)살림출판사
출판등록	1989년 11월 1일 제9-210호

주소	경기도 파주시 광인사길 30
전화	031-955-1350 팩스 031-624-1356
기획·편집	031-955-4662
홈페이지	http://www.sallimbooks.com
이메일	book@sallimbooks.com

ISBN	978-89-522-2791-1 04080

이 도서의 국립중앙도서관 출판시도서목록(CIP)은 서지정보유통지원시스템 홈페이지
(http://seoji.nl.go.kr)와 국가자료공동목록시스템(http://www.nl.go.kr/kolisnet)에서
이용하실 수 있습니다.(CIP제어번호: CIP2013024605)

089 커피 이야기

eBook

김성윤(조선일보 기자)

커피는 일상을 영위하는 데 꼭 필요한 현대인의 생필품이 되어 버렸다. 중독성 있는 향, 마실수록 감미로운 쓴맛, 각성효과, 마음의 평화까지 제공하는 커피. 이 책에서 저자는 커피의 발견에 얽힌 이야기를 통해 그 기원을 설명한다. 커피의 문화사뿐만 아니라 커피에 대한 일반적인 정보 및 오해에 대해서도 쉽고 재미있게 소개한다.

021 색채의 상징, 색채의 심리

박영수(테마역사문화연구원 원장)

색채의 상징을 과학적으로 설명한 책. 색채의 이면에 숨어 있는 과학적 원리를 깨우쳐 주고 색채가 인간의 심리에 어떤 작용을 하는지를 여러 가지 분야의 사례를 통해 설명한다. 저자는 색에는 나름대로의 독특한 상징이 숨어 있으며, 성격에 따라 선호하는 색채도 다르다고 말한다.

001 미국의 좌파와 우파

eBook

이주영(건국대 사학과 명예교수)

진보와 보수 세력의 변천사를 통해 미국의 정치와 사회 그리고 문화가 어떻게 형성되고 변해왔는지를 추적한 책. 건국 초기의 자유방임주의가 경제위기의 상황에서 진보-좌파 세력의 득세로 이어진 과정, 민주당과 공화당의 대립과 갈등, '제2의 미국혁명'으로 일컬어지는 극우파의 성장 배경 등이 자연스럽게 서술된다.

002 미국의 정체성 10가지 코드로 미국을 말하다

eBook

김형인(한국외대 연구교수)

개인주의, 자유의 예찬, 평등주의, 법치주의, 다문화주의, 청교도 정신, 개척 정신, 실용주의, 과학·기술에 대한 신뢰, 미래지향성과 직설적 표현 등 10가지 코드를 통해 미국인의 정체성과 신념을 추적한 책. 미국인의 가치관과 정신이 어떠한 과정을 통해서 형성되고 변천되어 왔는지를 보여 준다.

058 중국의 문화코드

강진석(한국외대 연구교수)

중국의 핵심적인 문화코드를 통해 중국인의 과거와 현재, 문명의 형성 배경과 다양한 문화 양상을 조명한 책. 이 책은 중국인의 대표적인 기질이 어떠한 역사적 맥락에서 형성되었는지 주목한다. 또한, 구체적이고 실제적인 여러 사물과 사례를 중심으로 중국인의 사유방식에 대해 설명해 주고 있다.

057 중국의 정체성　　eBook

강준영(한국외대 중국어과 교수)

중국, 중국인을 우리는 과연 어떻게 이해해야 하나? 우리 겨레의 역사와 직·간접적으로 끊임없이 영향을 주고받은 중국, 그러면서도 아직까지 그들의 속내를 자신 있게 말할 수 없는, 한편으로는 신비스럽고, 한편으로는 종잡을 수 없는 중국인에 대한 정체성을 명쾌하게 정리한 책.

015 오리엔탈리즘의 역사　　eBook

정진농(부산대 영문과 교수)

동양인에 대한 서양인의 오만한 사고와 의식에 준엄한 항의를 했던 에드워드 사이드의 오리엔탈리즘. 이 책은 에드워드 사이드의 이론 해설에 머무르지 않고 진정한 오리엔탈리즘의 출발점과 그 과정, 그리고 현재와 미래의 조망까지 아우른다. 또한 오리엔탈리즘이 사이드가 발굴해 낸 새로운 개념이 결코 아님을 역설한다.

186 일본의 정체성　　eBook

김필동(세명대 일어일문학과 교수)

일본인의 의식세계와 오늘의 일본을 만든 정신과 문화 등을 소개한 책. 일본인을 지배하는 이데올로기는 무엇이고 어떤 특징을 가지는지, 일본을 주목해야 하는 이유는 무엇인지 등이 서술된다. 일본인 행동양식의 특징과 토착적인 사상, 일본사회의 문화적 전통의 실체에 대한 분석을 통해 일본의 정체성을 체계적으로 살펴보고 있다.

261 노블레스 오블리주 세상을 비추는 기부의 역사

예종석(한양대 경영학과 교수)

프랑스어로 '높은 사회적 신분에 상응하는 도덕적 의무'를 뜻하는 노블레스 오블리주. 고대 그리스부터 현대까지 이어지고 있는 노블레스 오블리주의 역사 및 미국과 우리나라의 기부 문화를 살펴보고, 새로운 시대정신으로 노블레스 오블리주를 부활시킬 수 있는 가능성을 모색해 본다.

396 치명적인 금융위기, 왜 유독 대한민국인가 eBook

오형규(한국경제신문 논설위원)

이 책은 전 세계적인 금융 리스크의 증가 현상을 살펴보는 동시에 유달리 위기에 취약한 대한민국 경제의 문제를 진단한다. 금융안정망 구축 방안과 같은 실용적인 경제정책에서부터 개개인이 기억해야 할 대비법까지 제시해 주는 이 책을 통해 현대사회의 뉴노멀이 되어 버린 금융위기에서 살아남는 방법을 확인해 보자.

400 불안사회 대한민국, 복지가 해답인가 eBook

신광영 (중앙대 사회학과 교수)

대한민국 사회의 미래를 위해서 복지는 선택이 아니라 필수라고 말하는 책. 이를 위해 경제 위기, 사회해체, 저출산 고령화, 공동체 붕괴 등 불안사회 대한민국이 안고 있는 수많은 리스크를 진단한다. 저자는 사회적 위험에 대응하기 위한 복지 제도야말로 국민 모두의 삶의 질을 높일 수 있는 길이라는 것을 역설한다.

380 기후변화 이야기 eBook

이유진(녹색연합 기후에너지 정책위원)

이 책은 기후변화라는 위기의 시대를 살면서 우리가 알아야 할 기본지식을 소개한다. 저자는 기후변화와 관련된 핵심 쟁점들을 모두 정리하는 동시에 우리가 행동해야 할 실천적인 대안을 제시한다. 이를 통해 독자들은 기후변화 시대를 사는 우리가 무엇을 해야 할 것인지에 대하여 생각해 볼 수 있을 것이다.

eBook 표시가 되어있는 도서는 전자책으로 구매가 가능합니다.

㈜살림출판사

www.sallimbooks.com
주소 경기도 파주시 문발동 522-1 | 전화 031-955-1350 | 팩스 031-955-1355